O Horizonte da Minha Pele

Emilio Bejel

O Horizonte da Minha Pele
(história de um cubano gay)

Romance Autobiográfico

Tradução
Gênese Andrade

Ateliê Editorial

Copyright © 2005 by Emilio Bejel
Título do original em espanhol: *El horizonte de mi piel*

Direitos reservados e protegidos pela Lei 9.610 de 19.02.1998.
É proibida a reprodução total ou parcial sem autorização, por escrito, da editora ou do autor.

Dados Internacionais de Catalogação na Publicação (CIP)
(Câmara Brasileira do Livro, SP, Brasil)

Bejel, Emilio
  O Horizonte da Minha Pele / Emilio Bejel. –
Cotia, SP: Ateliê Editorial, 2011.

  ISBN 978-85-7480-549-8
  Título original: *El horizonte de mi piel*.

  1. Bejel, Emilio 2. Romance autobiográfico
I. Título.

11-05572   CDD-809.93592

Índices para catálogo sistemático:
1. Romance autobiográfico: Literatura
809.93592

ATELIÊ EDITORIAL
Estrada da Aldeia de Carapicuíba, 897
06709-300 – Granja Viana – Cotia – SP
Telefax: (11) 4612-9666
www.atelie.com.br
atelie@atelie.com.br

Printed in Brazil 2011
Foi feito o depósito legal

*A todos os personagens,
reais ou fictícios, desta narração*

Sumário

A Partida e a Chegada 9
A Igreja ou a Revolução 11
A Cidade dos Pescadores 17
A Família 21
Vovô 31
Nos Tempos de Batista 41
Miami 49
A Colheita de Tomates 53
Minha Primeira Namorada 57
Quando Veio a Revolução 61
O Instituto 63
O Orange Bowl 67
O Garoto Bem Vestido 71
Os Fuzilamentos 79
Meu Pai 83
Meus Primeiros Estudos nos Estados Unidos 89

Na Universidade de Miami 99
Tallahassee 107
Fairfield 117
Silvio 125
Vietnã 133
O Sequestro 139
Areíto 149
Regresso a Cuba 155
A Família Outra Vez 161
Outros Encontros 167
Manzanillo 173
No Ano Seguinte 179
Mariel e a Paixão 183
Um Sonho dentro de um Poema 193
Novas Surpresas 197
Começa a Batalha 203
As Batalhas 211
A Calma 219

❦ *A Partida e a Chegada* ❦

Nesse dia 9 de março de 1962, fazia sol e não chovia. Ele não se recorda a que horas chegaram ao aeroporto. Lembra-se de um aeroporto grande e bonito (armadilhas da memória!) onde havia compartimentos que separavam, com paredes de vidro, os que partiam dos que chegavam, dos que haviam vindo despedir-se deles. Antes da separação final, na sala de espera, ele se lembra de que a mãe começou a inquietar-se à medida que se aproximava o momento. Recorda-se que também comeu um sanduíche e tomou um suco enquanto a mãe fingia estar distraída. Uma voz feminina, distorcida por um microfone com chiado, anunciou que os passageiros da KLM rumo a Miami deveriam entrar para o corredor de embarque. Lembra-se de haver tremido de nervoso a ponto de querer ir ao banheiro, mas talvez a mãe estivesse muito pior. O abraço e o beijo não delatavam nenhuma emoção de parte da mãe nem dele. Aquela despedida, que passados os anos chegaria a ser a mais radical de sua vida, ocorreu sem espalhafato, sem muitas lágrimas visíveis. A mãe fingia estar serena. Mal a olhou, talvez por temor de não saber o que lhe dizer.

Ainda não estava acostumado com as despedidas. A mãe deu-lhe vários conselhos: que aprendesse inglês imediatamente, que estudasse, mas que não enlouquecesse... Até lhe disse que nos Estados Unidos chamavam a invasão da Playa Girón de invasão da Baía dos Porcos, e falou em inglês (como boa professora desse idioma): *Bay of Pigs Invasion*. Ao dizer isso, olhou para todos os lados porque, como aquilo acabara de ocorrer, a coisa estava muito quente. Finalmente, chegou o momento definitivo. Entrou na sala de embarque. Estava sem mala. Não se podia levar mais do que a roupa do corpo. Dois policiais levaram-no a um quartinho ínfimo, fechado por uma cortina escura como se fossem tirar uma foto dele. Fizeram-no despir-se. Registraram a roupa que vestia. Ordenaram-lhe vestir-se de novo. Não pode recordar-se do resto desse quartinho. Sua recordação seguinte é do avião. Ligaram os motores, e de longe, entre a multidão que ficava, a mãe no balcão do aeroporto acenando. Tinha a cabeça inclinada para baixo, talvez para evitar o sol direto, talvez condoidíssima. Foi então que ele começou a sentir a gravidade enorme daquele momento. O avião começou a se movimentar, e teve vontade de se jogar do avião, correr para a mãe e lhe dizer que não iria, que ficaria com ela para sempre, que seria criança pelo resto de seus dias. Mas era tarde demais para isso. Pensa recordar que chorou, que cinquenta minutos depois anunciaram nos microfones do avião que estavam pousando. Houve um alvoroço entre os passageiros, e ele os via entre a neblina de seus olhos molhados. Alguns gritavam: "Liberdade!, Liberdade!".

Emilio Bejel, Manzanillo, *c.* 1961

A Igreja ou a Revolução

"O inimigo está dentro e é necessário decidir-se: ou Roma ou Moscou". Assim começava (ou pelo menos assim o recordo) a pastoral do bispo de Santiago de Cuba que declarava abertamente a guerra entre a Igreja católica e o governo cubano. Ainda hoje me lembro de que foi lida publicamente em um domingo de outubro de 1960. O ambiente estava agitado em todo o país, e Manzanillo não era uma exceção. Havíamos ouvido no rádio e lido no jornal que o bispo havia proclamado uma pastoral em que condenava o governo, que cada dia se definia mais como comunista, e seus líderes. Todos sabíamos que aquilo era uma verdadeira bomba, que as represálias seriam sentidas com força por todo o país. Na minha família, havia um desassossego especial (e talvez também em muitas outras famílias cubanas), dado que alguns dos meus primos estavam totalmente a favor do governo e não tinham nenhuma simpatia pela igreja, enquanto Mamãe, Nina e Madrinha eram ambas as coisas: muito católicas e muito fidelistas ao mesmo tempo. Aquele era um momento decisivo, definidor, havia que tomar partido. Eu, até certo ponto, estava na turma de Mamãe e minhas tias, ou seja, de ambos os lados simultaneamente, embora já nessa época me encontrasse mais do lado da igreja do que do governo. Pensando bem, na realidade eu era talvez o mais anticomunista da família, não tanto por anticomunista como por pró-católico.

Como era domingo, Mamãe, Nina, Madrinha e eu atravessamos a rua para entrar pela parte de trás da igreja, que ficava a uma quadra e meia de nossa casa. A igreja estava mais cheia do que nunca, ou pelo menos assim me pareceu. Recordo que a missa foi rezada como se nada tivesse acontecido, embora ninguém ignorasse que estava sim acontecendo alguma coisa, e algo muito sério. Pouco depois de haver começado a missa, notamos que as portas da igreja haviam sido fechadas, o que não era nada comum. Quando chegou o momento do sermão, mais ou menos na metade da missa, um dos padres (deve ter sido o pároco, mas não me lembro bem) subiu ao púlpito e começou a ler a pastoral que o bispo havia proclamado contra o governo. Não se ouvia nem o mais leve rumor entre os fiéis, mas em compensação começou um barulho que não havíamos ouvido antes: era o som de vozes e brados de uma multidão cada vez mais e mais perto da igreja. Mas quando o padre terminou de ler a pastoral, já quase não se podia entender o que dizia. As vozes e os gritos da multidão eram atormentadores. Os fiéis estavam fora de si, obviamente assustados, conversavam uns com os outros com nervosismo, alguns começavam a se levantar para ver pelas janelas o que estava acontecendo; outros, em especial as senhoras idosas, mais que senso de martírio cristão, mostravam absoluto terror. Em poucos minutos, passaram de velhas dominadoras a meninas aterrorizadas. A missa conseguiu ser concluída a duras penas, e até o padre que oficiava estava tão nervoso que as coisas quase caíam de suas mãos, o cálice escorregava, caminhava tropeçando. Na minha cabeça, aquilo só podia ser comparado às imagens vistas em certos filmes sobre o tempo dos nazistas quando começavam a perseguir os judeus. Mas, claro, uma coisa é ver essas cenas no cinema e outra muito diferente é estar vivendo-as. Percebi que estava tremendo, embora como membro da juventude católica e ativo nos assuntos apostólicos da igreja se supusesse que eu fosse dos fortes. Tinha apenas dezesseis anos de idade, mas isso era mais que suficiente para um jovem cubano no que se refere à política e à valentia. Tinha que aparentar que não estava nervoso. Nessa idade, a gente tinha que ser ou devia ser..., bem, como se dizia, "um homem feito", e aquele era um momento para provar isso, para provar para si mesmo. Acho que Mamãe, Nina e Madrinha saíram da igreja rumo a casa antes que a coisa ficasse realmente feia. Imagino (embora não me lembre) que Mamãe me rogou que fosse com ela, mas obviamente não fui, embora talvez o desejasse. Fiquei. Pouco depois a multidão foi se dispersando, enquanto nós, os fiéis que havíamos ficado, repetíamo-nos as mesmas frases até que decidimos finalmente ir embora para nossas casas.

Vários meses mais tarde, por ocasião da invasão da Baía dos Porcos, em abril de 1961, repetiu-se a cena da igreja rodeada por uma multidão. Mas dessa vez com um elemento que não havia visto antes. Para meu espanto, alguns dos que gritavam do lado de fora da igreja eram os pescadores paupérrimos que viviam no chamado Bairro do Mangue de Manzanillo. Tratava-se de pessoas que eu havia visto e visitado várias vezes quando ia a esse bairro para catequizar. Esses pescadores indigentes marcaram-me desde muito pequeno, porque quando ia a suas casas semidestruídas, feitas de papelão, zinco e coisas que nós, os da classe média e alta que vivíamos no povoado, jogávamos no lixo, me causava pavor vê-los tão pobres. Falávamos com eles sobre Deus e a salvação em outro mundo, mas sempre me pareceu que aquilo era simplesmente (ou talvez não tão simplesmente) uma gigantesca injustiça. Enfim, reconheci alguns dos homens e mulheres (nenhuma criança, claro) que eu via em minhas aulas de catecismo, mas dessa vez, no lugar de estarem assim como sofredores e com os olhos esquivos, uivavam com gritos agudos e uma raiva descomunal que se notava em seus rostos e nos olhos e nos braços e nos gestos que faziam enquanto iam rodeando pela frente, pelos lados e por trás todo o edifício da igreja. Haviam ocupado grande parte do parque Céspedes, que ficava bem em frente à igreja; esse parque constituía o centro do povoado, e estava rodeado por edifícios importantes: a Prefeitura, a delegacia de polícia, alguns negócios e restaurantes, e a Colônia Espanhola.

Quando a coisa ficou ruim de verdade e o espírito de martírio cristão quase havia desaparecido entre nós, os padres nos disseram que tratássemos de sair da igreja da melhor maneira que pudéssemos. Nesse instante, pensei que para mim o problema era muito mais simples, já que minha casa ficava a menos de duas quadras atrás da igreja. Quando me dirigi à porta que dava para a rua Saco, a de minha casa, descobri que havia uma pequena multidão de fiéis amontoados ali perto da porta como se esperassem que alguém se decidisse a sair primeiro e abrir caminho para que os demais pudessem debandar para suas casas. Nesse momento, já havia vários dos facínoras gritando por esse lado da igreja, mas ainda parecia que não haviam se acumulado muito ali. Finalmente, saí com Pedrito e Raulito del Pino, uns amigos que também moravam nesse endereço. Para nossa surpresa, no momento em que já nos encontrávamos na rua e com a porta da igreja se fechando atrás de nós, vimos que a turba havia aumentado consideravelmente e se aproximava pelos outros becos em plano beligerante. Acho que houve alguns gritos e insultos, que nós não respondemos, e não sei quando vários dos que nos insultavam decidiram levar-nos aos empurrões (não muito fortes, devo esclarecer) até a delegacia de polícia. Acho que alguém da multidão cuspiu em nós. Como reféns aterrorizados, fomos conduzidos à delegacia de polícia que ficava diante da igreja do outro lado do parque, e lá alguns policiais fizeram que nos recolhiam da multidão (obviamente a multidão e a polícia estavam em total acordo nesse protesto) e nos punham em uma das celas.

Não posso precisar quanto tempo (talvez algumas horas) ficamos numa celinha daquela cadeia velha, mas sim me lembro que pouco depois chegou meu primo Beto que pertencia ao governo local. Falou com os policiais e se aproximou de mim e me disse que não me preocupasse, que ele iria falar com alguém para que me soltassem, que eu não havia feito nada ilegal. Então foi não sei para onde. Um pouco depois, apareceu Conchita Veneranda de Del Pino, a mãe de Pedrito e Raulito, uma mulher alta, distinta, a cuja casa eu ia com frequência. Eu a considerava uma senhora calma e amabilíssima, mas dessa vez Conchita vinha como uma leoa defender seus filhotes, e além disso vinha com uma cruz de madeira de tamanho médio empunhada na mão direita como eu só havia imaginado que se fazia nas histórias de santos para afastar o Demônio.

"Em nome de Deus e da Santa Cruz, soltem meus filhos que não cometeram nenhum crime."

Na verdade, não achei apropriado ou politicamente astuto invocar Deus e a Santa Cruz para conseguir a boa vontade daqueles policiais de um governo comunista e ateu, mas naqueles momentos qualquer coisa a favor ou contra nós parecia possível, embora nem sempre desejável. Algumas horas mais tarde, um oficial da polícia veio e nos disse que podíamos ir para nossas casas. Saímos como quem teme mais a intempérie do

O coreto do parque Céspedes, Manzanillo

que a prisão, mas caminhamos e logo nos encontramos com familiares que ali nos esperavam e nos acompanharam a nossas respectivas casas. Não sei quem de minha família (Beto? Pedro? Mamãe? Madrinha?) me esperava fora da delegacia. Não me recordo nada mais desse incidente.

Apenas quero acrescentar o seguinte comentário sobre essa luta entre a igreja e o Estado cubano. Diante da solicitação na pastoral lançada em 1960 para que os fiéis se decidissem entre "Roma ou Moscou", desconsiderando as alternativas que o bispo nos propunha tão dramaticamente, todos decidimos ir para Miami.

⚘ A Cidade dos Pescadores ⚘

Nessa tarde, o padre Miguelito, com sua costumeira bondade e atitude de eficiente inocência, reuniu-nos no pátio da igreja para explicar-nos o que devíamos fazer e o que devíamos esperar em nossa pequena aventura no Bairro do Mangue, onde íamos catequizar. Explicou-nos como dar nossas lições de maneira clara e com a maior amabilidade e compreensão possível; que não devíamos comentar nada sobre a casa ou o lugar onde nos reuníssemos com as crianças; que não nos perturbasse o fato de que algumas das mães estivessem presentes enquanto explicássemos às crianças nossa lição sobre o reino de Deus, a grandeza de Jesus e a especial maternidade da Virgem Maria. Também nos disse que devíamos ser piedosos e não falar sobre nós mesmos. O objetivo era ensinar a palavra de Deus. Eu estava entusiasmado, mas ansioso. Tratava-se de estar em cena, o que, embora fosse algo que sempre me agradou, na idade de doze anos e naquela situação especial, era algo um tanto atrevido e causa de certo desassossego.

Saímos da igreja em grupo com o padre Miguelito à frente, vestido com seu costumeiro hábito franciscano feito de tecido grosso marrom escuro, no meio do calorento, grudento e empoeirado povoado de Manzanillo. Era óbvio que os padres vascos não haviam adaptado sua vestimenta ao clima cubano. Não me lembro que mês era, mas sim que fazia um calor espetacular, embora nós, as crianças cubanas, estivéssemos acostumadas e não conhecêssemos, pelo menos eu, outro clima. A caminhada foi bastante longa. Por vários quarteirões, dirigimo-nos para o mar, para um lugar fora do povoado que não me recordo haver visitado antes desse momento. À medida que caminhávamos, aproximávamo-nos cada vez mais de um bairro que só vem à minha memória como uma combinação de areia suja, lodosa, com arbustos típicos desses lugares próximos à costa. Era uma região com numerosas, embora algo dispersas, vegetações de mangue. À distância, avistei umas casinhas baixas com telhado de zinco ou de pedaços de madeira pregados precariamente de forma irregular. Não havia ruas, ou seja, não havia ruas pavimentadas, mas apenas caminhos de terra um pouco batida, onde de quando em quando se viam uns caranguejinhos muito pequenos caminhando com seus costumeiros passinhos rápidos de costas. O cheiro de peixe podre e o ar salgado do mar nos invadiam progressivamente. Ouviam-se as ondas do mar suaves e pacíficas, e eu ouvia as batidas do meu coração sobressaltado. Minha ansiedade aumentava, mas queria me ver dando minhas aulas de catecismo. O que mais me preocupava era o encontro com meus supostos catequizandos e suas respectivas famílias. Tinha um pouco de medo; tinha um pouco de medo deles. Mas o medo diminuiu consideravelmente quando o padre Miguelito cumprimentou com efusiva familiaridade as primeiras pessoas do bairro que saíram de seus casebres, e elas o cumprimentaram com palmadinhas carinhosas como quem recebe um membro querido da família. Fui me posicionando na frente do grupo de meninos católicos que vinham comigo, e fiz isso para cumprimentar como um completo mestre consumado aqueles que esperava que fossem meus alunos ávidos por aprender e suas mães. Não me lembro de ter visto nenhum homem nessa ocasião, mas isso deve ser um erro da memória.

Ao entrar em uma das casas, a que o padre Miguelito havia me atribuído para pregar o evangelho de Jesus, espantei-me com a enorme pobreza que dominava aquele lugar. Não me recordo de ter visto um fogão ali; nem me recordo de outra coisa além de uma mesinha pequena meio inclinada por estar em um chão de terra desnivelado; duas cadeiras quebradas; uma caminha com algo que não parecia colchão, mas uma espécie de manta dobrada de forma acolchoada; outro colchonete velhíssimo no chão onde estavam umas crianças sujas e barrigudas com o umbigo saltado... Não podia acreditar. A verdade é que não podia acreditar naquilo. Como se podia viver assim? Mal havia me recuperado daquele primeiro impacto quando comecei a dar minha aula de catecismo. Estava um pouquinho nervoso no princípio, mas uma vez que disse umas quantas coisas de forma meio mecânica, me senti um tanto orgulhoso, como quem está ensinando algo importante a algumas pessoas que realmente precisam disso. As crianças cheiravam a ranço. Percebi-me vestido como um rico, sei lá..., como se estivesse cheiroso e limpo demais. Senti pena e orgulho simultaneamente. Consegui, progressivamente, que me prestassem atenção; fiz perguntas retóricas tal como havíamos ensaiado com o padre Miguelito e outros meninos mais velhos que já tinham experiência naquelas aventuras religiosas. O final foi uma desilusão. Terminei minha aula, perguntei se havia alguma questão, e as mães e as crianças olharam para o chão como quem quer que acabe todo aquele sermãozinho incompreensível.

Saímos de lá todos em silêncio, com o padre Miguelito na frente. Caminhei até minha casa onde Mamãe me esperava com a cara amarrada, com aquela expressão que lhe era típica, que me indicava sua ansiedade por saber o que se passava na minha cabeça, seu desejo de me proteger de qualquer malefício. Recordo-me que passei ao seu lado sem lhe dizer nada, quase chorando.

Devo acrescentar aqui que em dezembro de 1978, em minha primeira visita a Cuba depois de dezesseis anos de exílio nos Estados Unidos, regressei por alguns dias a Manzanillo, e depois de ir visitar o túmulo de minha mãe, fui dar uma volta com meu primo Beto pelo Bairro do Mangue, agora conhecido como a Cidade dos Pescadores ou algo assim. Impressionou-me muito ver como aquelas famílias haviam melhorado.

Em vez de choças feitas de pedaços de materiais que os moradores do povoado jogavam no lixo, havia edifícios de apartamentos, modestos mas modernos, de dois ou três andares; em lugar de chão de terra, tinham piso de cimento trabalhado; em lugar de total miséria, notava-se uma vida muito modesta, mas bastante decente, com alguns aparelhos elétricos ou a gás; também havia vários parquinhos para que as crianças tivessem onde brincar. Não em vão aquelas pessoas estavam dispostas a defender o socialismo a qualquer custo.

❦ A Família ❦

Em uma casa bastante boa apesar de muito velha, a duas quadras do parque Céspedes, vivíamos Mamãe, minha tia solteira Nina e meu encantador avô Dom Miguel Aguilera. Era uma casa geminada, pois estava pegada a outras que faziam parte de um quarteirão inteiro e se conectavam por quintais separados apenas por um muro de cimento não muito alto. Ao entrar, encontrava-se à direita uma sala com móveis de madeira escura e piso de lajotas em estilo árabe, as quais, em diferentes desenhos, cobriam o piso de todos os cômodos e quartos da casa. Na parede grande que ficava à direita da sala, havia um enorme quadro do Sagrado Coração de Jesus, sangrando, loiro e de olhos azuis. À esquerda, ficava o quarto de Nina; depois o do Vovô, que dava para a antessala (o lugar onde a família mais se reunia, uma espécie de sala de estar com cadeiras de balanço confortáveis e uma mesinha com um rádio e outra com o telefone – creio que já no fim dos anos 1950 tínhamos telefone em casa; ali também ficava a escrivaninha que todos usávamos); mais adiante, ficava o quarto onde dormíamos Mamãe e eu em duas camas separadas por uma mesinha e um abajur (esse quarto dava para a sala de jantar); em seguida, ficava o quarto para as visitas que frequentemente era usado por algum de meus primos quando passava uns dias conosco; depois havia a cozinha velha que, assim como o quarto reservado para as visitas, dava para um quintal de cimento relativamente grande no qual havia uma grande plantação de primaveras e onde eu tinha grandes gaiolas (dentro de uma delas era possível caminhar) cheias de pássaros; e por último o quarto da empregada que dava para os dois banheiros. Em frente a essa casa, em uma parecida, mas muito mais velha e descuidada que a nossa, residia minha tia divorciada Fita, que eu sempre chamava de Madrinha porque me batizou, com seus filhos Beto e Rafael. Nessas duas casas, morava o que eu considerava minha família.

Mamãe era uma mulher do tipo mediterrâneo: cabelo preto, olhos grandes meio mouros, de estatura baixa, pele meio morena, lábios relativamente finos, dentes perfeitos. Também era uma mulher inteligente que, junto com minha tia Nina, foi estudar em Nova York, na Columbia University, por um ano e meio. Pelo que me disse Madrinha muitos anos mais tarde, quando elas já haviam morrido, Mamãe e Nina foram terminar um mestrado em inglês nos Estados Unidos. Essa é a razão pela qual tanto Mamãe quanto Nina sabiam muito de literatura inglesa. De fato, eu as via muito frequentemente lendo Shakespeare e outros escritores ingleses e americanos. Não há dúvidas de que esse tipo de atividade literária foi a maior influência que tive nesse sentido. Não fiz mais do que seguir os passos delas.

A estadia de Mamãe e Nina em Nova York ocorreu quando eu tinha cerca de seis anos, ou seja, lá pelo ano 1950. Fiquei com Madrinha e seus filhos, o que me influenciou de outra maneira, pois foi nesse momento que comecei a me dar conta de que tinha que dividir minhas coisas com outros. Como era filho único de mãe solteira, rodeado de tias e um avô, estava acostumado a que tudo confluísse para mim. Mas quando fiquei com Madrinha, tive que me deparar com a realidade de meus primos, especialmente Rafael, que era só alguns anos mais velho que eu. Recordo que o odiei em várias ocasiões porque me obrigava a dividir minhas coisas com ele, competia comigo no afeto de Madrinha; e eu já não era o centro do Universo.

Mamãe e Nina partiram para o norte em busca de um título (talvez um mestrado, mas não tenho certeza) de professoras de inglês, profissão que depois exerceram desde que tinham retornado a Manzanillo. Mamãe foi professora de inglês da Escola do Lar, e Nina do Instituto de Ensino Secundário. Eu me sentia orgulhoso dessas conquistas tão especiais de minha mãe e minha tia, mas é hoje que me dou conta de que essas conquistas eram mais extraordinárias do que se pensava então. É incrível que essas duas mulheres de meios econômicos modestos e residentes em um povoado cubano muito afastado de Havana viessem aos Estados Unidos estudar em uma grande universidade em 1950.

Nina era também uma mulher muito parecida fisicamente com Mamãe, mas não mentalmente. Embora também fosse muito inteligente, Nina era vítima daquilo que, pelo menos em Cuba, era considerado uma das piores coisas que poderia acontecer a uma mulher: ser eternamente solteira e sem namorado, ser uma solteirona. Às vezes penso que Nina, apesar de tantas viagens aos Estados Unidos, México, França, Canadá, Itália e Japão, na realidade morreu virgem. Vestia-se muito bem, com blusas brancas muito finas e delicadas. Mamãe e Madrinha tinham feito um trato secreto com ela: dizer que era a mais nova, quando na verdade Mamãe o era. Tudo isso para que não parecesse tão velha e sem se casar. Mas de nada lhe valeu. De fato, agora me dou conta de que tanto Nina como Mamãe e Madrinha eram pessoas bastante infelizes em questões amorosas, pois Nina era solteira e Mamãe e Madrinha eram divorciadas. Do que tenho poucas dúvidas é de que eram mulheres que aprenderam a ser autossuficientes: Mamãe na Escola do Lar, Nina no Instituto de Ensino Secundário e Madrinha na leiteria que tinha em sua própria casa e que lhe dava o suficiente para seus modestos gastos. A verdade é que eu não as percebia como mulheres fracassadas de forma alguma, embora minha reflexão sobre suas personalidades me faça ver agora que as três eram pessoas complexas. De Nina já disse que ficou solteira, e devo acrescentar que também tinha um grande inconformismo que lhe era perceptível. À medida que eu entrava na puberdade, discutíamos com frequência (nada muito sério), e eu a mortificava de várias maneiras até que Mamãe punha certa paz entre nós. Quando eu ainda estava em Cuba, acho que quando eu tinha dezesseis anos (teria que ser em 1960), Nina teve uma embolia. Um dia, enquanto tomava banho, chamou Mamãe do banheiro com muita angústia. Mamãe correu e a encontrou desorientada, não se lembrava de muitas coisas. Nina havia perdido a memória imediata e só se lembrava de sua estadia nos Estados Unidos. Lembro-me de que trouxeram o Dr. Manolito Álvarez para que a visse, e depois o Dr. Celedonio (não me lembro do sobrenome), e quando o segundo médico chegou a casa, Nina já não se lembrava de que o primeiro médico a havia visitado havia apenas algumas horas. Falou com Mamãe o dia todo e parte da noite sobre Nova York e seus estudos lá. Para mim foi algo terrível, mas interessante, porque pude inteirar-me em detalhes da vida de Nina e de Mamãe nos Estados Unidos quando eu fiquei com Madrinha e seus filhos por mais de um ano. E aqui eu gostaria de reproduzir um poema que escrevi há alguns anos sobre o regresso de Mamãe (Nina havia voltado um pouco antes) de Nova York a princípios da década de 1950 e sobre outras duas recordações que tenho dela: uma quando a revolução venceu em primeiro de janeiro de 1959 e outro quando me despedi de Mamãe para sempre no momento de sair de Cuba para os Estados Unidos em 9 de março de 1962.

> Desde a manhã do dia em que Mamãe
> > Regressava do norte
> Eu suspeitava que o mar
> > Ia se abrir de par em par
> E que minhas gengivas adormeciam
> > Como quando ia ao dentista
> Madrinha e Nina sussurravam zombeteiramente entre si
> Como pequenas bruxas preparando poções mágicas
> A tarde se aproximava lentissimamente
> E as bruxas se vestiam de fio fresco

Perfumavam-se e começavam a procurar
        Seus cabides de auras tinhosas
Nisso chegou Pedro com o carro
        Sem dizer palavra
E eu esquadrinhava seu silêncio
Ela chegou com um chapeuzinho de mistério
Como uma Ava Gardner do trópico
E eu a esquadrinhava em silêncio
E eu a esquadrinhava em silêncio
Depois quando veio a revolução
Mamãe saiu transformada para lhes dar café
        Com mel de abelha
Desciam com auréolas brilhantes
        E belas cabeleiras
Adolescentes convertidos em deuses
Cantando canções celestiais
Poucos dias depois eles começavam
        A se parecer conosco
        E nós com eles
E uma história incompreensível se desfiava
Se desfiava
Mas chegou, finalmente, o momento
        De cruzar o lago envenenado e doce
E Mamãe se despediu sem lágrimas
        Ou abelhas sem mel
Eu intuía o que sentia
Mas levei um século para compreender
        Que se tratava de um alfinete cravado
        Na menina dos olhos
Isso eu soube na tarde em que meu primeiro amor
        Me disse que ia embora
E eu olhei a paisagem nevada de Connecticut
        Como Mamãe viu o avião

Que me levava para Miami
"Lembre-se de escrever de vez em quando
apenas ontem soltei a barra das suas calças"
"Se você se vai para sempre
não se despeça de mim
o mel das abelhas
não adoça meu café"

Aqui também vou reproduzir um poema que escrevi para minha tia Nina há alguns anos:

Nina

    De tão distante a interrogo
    Para saber ou deixar de saber
    Que terror a impediu de entrar dançando
    Na festa da vida

Mal posso falar
Mal posso gritar através dos séculos
Para que ouça minha fraca resposta
    De terrores sutis

Tão fraca de corpo como de promessa
Você amadureceu sua virgindade como uma gaze amarela
Levando seu nome escondido e traduzido
    Para mil idiomas

Amadureci e endureci minha involuntária virgindade
    Envolta em blusas de fio finíssimo
    Para ocultar o dique que impedia
    O jorro no rio da pele
Não é que estivesse ausente a paixão

Estiveram ausentes os canais
    Que conduzem a água aos seus destinos
Eu me sentava com a trindade
    Nas cadeiras de balanço da sala de visitas
    E murmurava com elas tratando
    De dissipar todos os conjuros de minha palavra cruzada
Tratando de triturar todos os enigmas

Você se sentava com a trindade
    Nas cadeiras de balanço da sala de visitas
Como um sonho empenhado no esquecimento
Mas seus olhos delatavam uma imagem
    De desertos e cactos secos
Fraca de promessa e de corpo
Você se aproximava com delicada fúria
    Do seu afazer cotidiano
    Dos seus livros
    Das suas blusas de um fio transparente
    Que deixava entrever seu desejo
    Já murcho e enrugado

Amadureci minha virgindade como uma boneca de cera
E meu único alívio era o delírio
    Da conversa entre cadeiras de balanço

Nina querida
Você se foi sem memória cantando a única canção
    Das virgens solitárias
E eu entretanto fui desenhando
    Cada um dos contornos de seus terrores
    Para exorcizá-los no ar
    Do outro lado do espelho

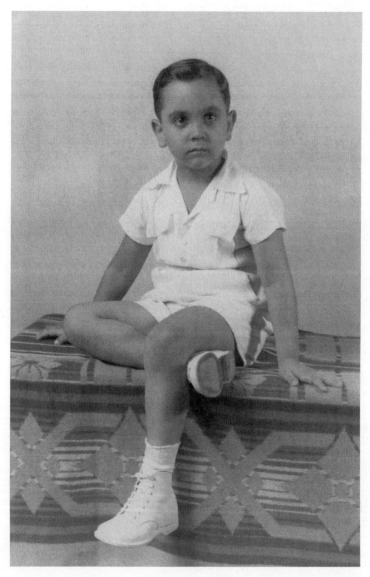
Emilio Bejel, 1949

Emilio Bejel, c. 1950

Mamãe (Encarnación "Canito" Aguilera), c. 1940

❧ Vovô ❧

Vovô era a pessoa mais perfeita que conheci. Tanto que era com ele que eu queria parecer, ou pelo menos parecer em certas coisas, embora também tivesse me agradado ter herdado algumas das virtudes de Mamãe. Vovô tinha sempre bom humor e se comportava como se todo mundo ao redor dele fosse importante, não interessava de que classe social, idade ou condição fosse. Recordo-me que passava pela minha casa um vendedor de galinhas chamado Pepillo que andava frequentemente pela rua Saco, onde vivíamos, montado em um cavalo do qual pendiam vários frangos vivos que ele vendia de casa em casa. Não é preciso muita perspicácia para imaginar o fedor tão brutal que aquele vendedor trazia, com seu cavalo suado e seus frangos pendurados e cagões. Nossos vizinhos compravam com frequência um ou dois frangos de Pepillo, mas o faziam sempre de maneira que ele não tivesse que se aproximar demais da porta da casa, e desse modo se evitava que o fedor invadisse a sala. Em outras palavras, dizia-se ao vendedor de galinhas que parasse o cavalo diante da casa, o que ele fazia a uma distância prudente da porta, então a pessoa encarregada de tal tarefa saía, dizia-lhe que frangos queria e lhe perguntava quanto custavam. Pepillo cortava a corda de cada frango vendido e o entregava à pessoa (quase sempre a empregada ou a cozinheira, embora às vezes fosse a dona da casa). Mas na minha casa o intercâmbio não ocorria dessa maneira, pois Pepillo era amigo de Vovô, e ele o fazia entrar no salão da casa para conversar um pouco, fôssemos ou não comprar frango dele. Quando isso ocorria, todos os restantes membros da família que tinham a infelicidade de estar ali nesse momento faziam todo o possível para inventar logo uma desculpa para sair e evitar assim ter que aspirar aquela fedentina horripilante. Depois da que nos parecia uma longuíssima visita de Pepillo a Vovô, Mamãe se aproximava deste com certo sorrisinho zombeteiro e lhe dizia: "Mas, Papai, nós todos vamos morrer nesta casa com o fedor de Pepillo", e Vovô sorria e encolhendo os ombros respondia simplesmente: "É meu amigo". Notava-se que ele apreciava enormemente a companhia daquele homem.

Porém, Vovô apreciava não só a amizade dele, mas também a de qualquer mulher com menos de noventa anos que cruzasse seu caminho. Ele era o que se pode chamar um homem supermulherengo, mesmo quando já estava com seus noventa. Dom Miguel Aguilera havia enviuvado em 1945, ou seja, quando eu tinha menos de um ano de idade, portanto de minha Avó Dona Avelina Fonseca não tenho nenhuma recordação. Só conservo na memória seus retratos, mas não sua pessoa. Desde sua morte, e suspeito que desde antes, Vovô dedicou-se com fúria a conquistar toda mulher que se aproximasse dele. A idade não lhe importava, ou sim lhe importava, porque na verdade as que eu conheci eram muito, muitíssimo mais novas que ele. Eu pensava que eram anciãs porque eram quarentonas, mas considerando que Vovô, na época em que me lembro de suas aventuras, já estava em seus oitenta e tantos, eram meninas comparativamente à sua idade. Não cessou em suas atividades mulherengas até poucos meses antes de morrer em 1955, aos 96 anos. A diferença de idade e as críticas que recebia por suas constantes e intermináveis excitações mais exatamente o divertiam, e com orgulho zombeteiro e pícaro alardeava com outros homens a supervirilidade que ainda possuía. Ria e ria às gargalhadas quando lhe diziam que estava muito velho e talvez o dele já nem levantasse quando estava na cama com uma mulher. Ria com gosto diante de tal comentário. Uma vez recordo-me que o levei, como de costume, ao parque Céspedes, para que fizesse sua caminhada habitual e conversasse com seus amigões (velhos amigos, engraxates, mulheres do povoado...), e nisso Sonny, um policial jovem muito boa pinta (na verdade muito *sexy*), amigo de Vovô e de toda a família, aproximou-se de nós e começou a conversar alegremente com Vovô. O assunto era, como sempre, mulheres e sexo. Lembro-me de que em um momento da conversa, Sonny lhe disse: "Dom Miguel, se o do senhor já nem levanta...", e Vovô muito desenvolto respondeu-lhe: "Meu filho, se posso levantar esse braço que é muito maior, como não vou poder levantar o outro. O meu levanta e bem. Pergunte para a Elvira". Elvira era a mulherzinha da vez de Vovô, e a que mais me recordo de todas as suas amantes, porque Mamãe, Madrinha e Nina a odiavam e diziam que aquela mulher o que queria era o dinheiro dele. Eu, com a intuição que já então (teria uns oito ou nove anos nessa época) havia começado a desenvolver para conhecer a natureza humana, sobretudo no que se relaciona à psicologia sexual e pessoal dos seres humanos, suspeitava que Elvira não só queria algum benefício econômico de Vovô, mas também além disso estava bastante apaixonada por aquele velhinho simpático e quente que a procurava com frequência. Além disso, dinheiro, dinheiro Vovô não tinha muito, talvez nada. Havia sido proprietário de dois sitiozinhos e algumas casas, mas foi perdendo quase tudo em farras com mulheres e pela falta de interesse por assuntos financeiros. Dele suas filhas herdaram duas ou três casas; e seu filho Pupo, um dos sitiozinhos. Isso foi tudo. Não havia nem mais um centavo.

Vovô também era desses homens da época que sempre andavam bem vestidos, ainda que o calor fosse sufocante. Conservava costumes espanhóis que não havia perdido apesar dos anos passados desde sua chegada a Cuba. Havia nascido lá pelo ano 1859, era originário de Granada, no sul da Espanha, e havia chegado como soldado espanhol, quase no fim da Guerra da Independência cubana na década de 1890. Ouvi-o dizer mais de uma vez que havia chegado a Manzanillo no mesmo mês e ano em que ocorreu a explosão do navio americano Maine em 1898. Não sei por que veio parar nesse povoado, só sei que essas múltiplas maravilhas do acaso levaram-no a se casar com minha Avó, ter quatro filhas (Nica, minha outra tia, casou-se jovem e não teve muito a ver com a minha vida) e um filho, e de uma dessas filhas eu nasci para desfrutar de sua incrível e persistente alegria.

Para sair de casa, sempre se vestia com um terno com colete, gravata, um chapéu de feltro e uma bengala que era de madeira preta com o punho de ouro. Vovô quase não precisava de óculos para ler o jornal. Não era um homem culto, mas não era necessário que fosse. Sempre o recordo alegre, alegríssimo, sem muito desejo de meditar sobre as coisas terríveis da vida (isso era mais uma qualidade de minha mãe e minhas tias), e sim mais exatamente com uma verdadeira obsessão sadia de vivê la o melhor possível. Acordava-nos muito cedo (o mais tardar às seis da manhã) caminhando pelo longo corredor da casa enquanto cantava cançõezinhas andaluzas: "Se casó Moreno, Bueno. Le dieron de palo, malo. Perepepé. Perepepé". O objetivo era que as mulheres da casa acordassem para preparar-lhe o café da manhã para que ele pudesse sair para passear pelo povoado para conversar com os amigos e tratar de seduzir as mulheres.

Quando já estava muito, muito velho, sua saúde física e mental começou a decair, mas não sua alegria. Então eu comecei a ser ainda mais importante para ele porque minha mãe e minhas tias não o deixavam ir sozinho ao parque, sem mim. Minha tarefa era levá-lo ao parque todos os dias. A cena era verdadeiramente cômica e *sui generis*. Ao chegar da escola em torno das três da tarde, Vovô já me esperava vestido como um dândi, para que eu o levasse para passear. Eu comia um lanchinho, escolhia um livro que tivesse que ler para a escola no dia seguinte, amarrava um barbante em um galinho branco (*pineos* eram chamadas em Cuba as aves desse tipo) que eu tinha então e saíamos os três. Ao chegar ao parque Céspedes, eu me sentava em um banco, amarrava o galinho em um gramado para que ciscasse e desfrutasse do cheiro da terra que não podia encontrar em minha casa, cujo quintal era de cimento, e me dedicava a ler enquanto Vovô conversava alegremente com qualquer pessoa que passasse ao nosso lado. Uma vez ocorreu algo um tanto problemático. Vi que Vovô, para conquistar uma mulher, deu a um engraxate a bengala com punho de ouro como pagamento para que o engraxate a convencesse a vir falar com ele. Vovô estava contentíssimo, mas eu fui de dedo-duro dizer a Mamãe o que havia ocorrido, e ela se alarmou pelo fato de que Vovô estava dando tudo para conseguir outra mulher da rua. "Está passando por ridículo", diziam Mamãe e suas irmãs. Mamãe, Nina e Madrinha esperaram-no na porta para perguntar pela bengala, e Vovô não soube o que dizer. A questão terminou quando eu levei Beto, um dos meus primos que já era um homem, ao parque para indicar a ele qual havia sido o engraxate que tinha ficado com a bengala de Vovô. Beto falou duramente com o engraxate e ele a devolveu sem muita briga.

A partir daí, a saúde mental de Vovô começou a piorar rapidamente. O que mais frequentemente fazia era perseguir a empregada da casa e encurralá-la em algum quarto para beijá-la. Nem é preciso dizer que aquilo era detestável, já que era um abuso descarado à empregada, a qual, embora Vovô nunca tivesse ido muito longe em seu arrebatamento luxurioso, vivia assustada diante daquele comportamento. Não é preciso muita imaginação para compreender que o assunto era sério, pois não havia moça que quisesse ficar por muito tempo naquela casa onde um príapo ancião podia pular encima dela a qualquer momento. Bem, para resolver a questão tivemos que tirar todos os ferrolhos de todos os quartos da casa, pois dessa forma a moça poderia escapar se fosse encurralada por aquele velhinho tarado que havia enlouquecido da maneira mais sexual possível. A senilidade havia dado para acentuar-lhe tanto o desejo pelas mulheres como a alegria sem limites. Agora não lhe importava que Mamãe e companhia o repreendessem constantemente por seu comportamento pecaminoso. Davam remédios para acalmá-lo, mas aquilo não fazia muito efeito para ele, pelo menos não quanto à sua luxúria.

Um dia chamou Casero, advogado e amigo da família, e depois de uma longa conversa em seu quarto, Vovô saiu muito contente dando tapinhas no advogado, que quis conversar a sós com Mamãe, Nina e Madrinha. O que havia ocorrido era que Vovô havia passado todas as suas propriedades, inclusive a casa onde vivíamos e o sítio em que Pupo, seu filho, trabalhava, para o meu nome, pois ele dizia que eu era a pessoa que mais gostava dele e essa era sua última vontade. Houve uma grande comoção e algumas semanas depois a família conseguiu declará-lo mentalmente incapaz e a partilha dos escassos bens passou de novo para os herdeiros correspondentes, mas eu sempre guardei com orgulho o fato de que tinha havido um alvoroço familiar porque meu avô gostava demais de mim.

Um dia Vovô não quis sair para ir ao parque. Deitou-se e as mulheres da casa começaram a falar baixinho entre si. Chamaram o médico e este disse que Vovô tinha vivido a melhor das vidas. Não se levantou mais, e esteve morrendo por alguns dias, pouco a pouco, mas sem sofrimento aparente. Era o fim. Tinha 96 anos de idade. No dia em que morreu, eu chorei algum tempo e Mamãe me disse coisas que fizeram eu me sentir orgulhoso. Disse-me que eu e meu avô éramos como a mesma pessoa.

Passados muitos anos, talvez mais de trinta, quando eu já era professor da Universidade da Flórida em Gainesville, escrevi o seguinte poema para Vovô como se fosse uma carta que lhe enviava ao outro mundo do qual ele me respondia:

> Queridíssimo e suave Vovô
> Você se deitou para dormir sua sesta costumeira
> E eu fui semear hieróglifos
> > Em terras desconhecidas
>
> *Deitei-me para sonhar com suas ternuras infantis*
> *E os brancos lençóis me levantaram pelo ar*
>
> Nosso diálogo jamais se nublou com uma só areiazinha
> > Nem com um só eclipse

Fomos uma dança harmonizada entre artistas angélicos
        Que sabem perfeitamente de antemão
        Cada movimento cada nota ou gesto acariciado

Eu fui o que lhe piscou o olho
        Para que você mergulhasse no livro presenteado
E agora espero suas palavras do lugar
        Mais delicado do seu sonho

Eu ouvia você contar sua chegada a este povoado
        Na época do Maine
E crescia em mim o desejo de visitar
        Os mundos que você havia deixado de nomear
No parque redondo e coreteiro
        Ia batendo com sua bengala de ouro
        Para que surgissem de entre as matas do povoado
As mulheres de gargalhadas
Mas eu compreendi ou compreendia e aspirava
Com sorriso o cheiro vagabundo
De sua flor de dama-da-noite
Presa em sua lapela

Foi a flor da alegria luxuriosa
        Que sempre tive
        Até o mesmíssimo momento
        Em que me despedi de todos

Desde esse momento comecei a ver você
        Como um herói lendário que regressava
        Para salvar-nos a todos da morte

Se não da morte pelo menos da tristeza
Porque eu sabia que você poderia herdar minha alegria

Embora temesse que sua encruzilhada desejosa
    Atrasasse algo essa felicidade

Através do tempo e o tempo
Já a uma distância incalculável
    Em que está mais longe e mais perto que nunca
    Reconheço seu presente
Reconheço que essa primitiva alegria de viver
    Presenteou-me você ou sua imagem
    O que é a mesma coisa

O que é a mesma coisa
Porque embora não possa ver onde você está
Quando está
A que distância de séculos ou minutos me fala
Orgulha-me ouvi-lo falar
Entre sua Mãe
    Fefita
        Nina
            E eu
    Construímos para você uma almofada
    Onde você pudesse suavizar o horror
    Muito depois de que nós fôssemos
    Voando como pó pelo ar

Pó pelo ar e célula viva
Letra cantada e alegria de boa recordação
Imagem de um tesouro
Barba branca e nobre sorriso
Cantos andaluzes pela manhã:
"Se casó Moreno, bueno
Le dieron de palo, malo
Perepepé. Perepepé"

"Levántense de mañanita que el día está bueno
Levántense temprano que salió el sol
Perepepé. Perepepé"

Vovô (Miguel Aguilera), c. 1952

❦ Nos Tempos de Batista ❦

No dia 10 de março de 1952, fazia muito sol e não chovia. No colégio, uns meninos meio homens brincavam, e eu sorria para eles com certo embaraço. A professora, com pouco cabelo, dessa vez trazia uma régua e passeava feliz, como se pensasse em algo íntimo.

"Você vai cair daí, desce." "Bom, que o levem, mas aqui no colégio está protegido." "Não, não, se a mãe está mandando buscar, está bem." "Emilito, sua mãe está mandando buscá-lo." "Ele é tão estudioso, está aqui."

Zoila segurou minha mão com força. Estava muito nervosa.

"O que foi?"

"Temos que ir para casa agora. Sua mãe me ligou para que viesse buscá-lo."

Saímos do colégio rumo ao parque Céspedes. Fazia sol e não chovia. No parque havia pouca gente; nada mais que os engraxates. Nem os velhos amigos de Vovô estavam no parque nesse dia. Atravessamos a rua que tinha um toldo e que leva à igreja. Zoila me levava depressa, sem falar. Quando passamos por sua loja, Artemio (na realidade, invento esse nome porque não me lembro como se chamava) estava saindo nesse momento, riu e nos disse em voz alta: "Depressinha, depressinha, que o general subiu". E começou a rir quase às gargalhadas. Artemio era negro e um pouco gordo. Quando já nos aproximávamos da sorveteria da esquina, vimos Mamãe que vinha com os olhos esbugalhados, fingindo que estava serena.

"Obrigada, filha. Venha para casa."

"O que foi?"

"Nada, temos que ir para casa rápido."

Antes que Mamãe terminasse de dizer a frase, ouviu-se o trote metálico dos cascos dos cavalos que batiam no cimento da rua Saco. A guarda rural vinha em cavalos enormes, ensebados, cheios de suor, com os belfos abertos e bufando. Cheiravam a bosta. Os cavalos vinham de dois em dois e pareciam minotauros. Alguns dos guardas tiravam o chapéu e ajustavam o sabre quando passavam pelas janelas cheias de olhos. Sentiam-se o trote, os bufos, os sabres. Chegamos em casa antes deles. Mamãe levantou o ganchinho da porta e me empurrou para dentro de casa. Nesse momento, Madrinha, que ia cruzando a rua vindo de sua casa para a nossa, deu meia volta, aproximou-se da beirada da calçada da rua de onde vinham os cavalos com seus guardas e gritou: "Abaixo Batista". O guarda que ia na frente nesse momento só lhe fez um gesto de deferência sarcástica e disse: "Senhora…". Os cavalos com fedor de bosta passaram, e Mamãe agarrou Madrinha pelo braço e a enfiou em casa. As duas, mais Nina e Zoila, choraram por um momento. Vovô havia saído do quarto meio nu perguntando o que estava acontecendo.

Passado muitíssimo tempo, escrevi o seguinte poema para Madrinha em memória desses eventos e das recordações que tinha de minha família, muitos anos mais tarde, quando já estava fora de Cuba:

Madrinha
Bem me lembro da tarde quando
Menor e maior do que nunca

Você gritou "Abaixo Batista"
Para os guardas rurais que passavam
    Em gigantescos cavalos de sebo
Desde essa tarde compreendi que você possuía
    Poderes sobrenaturais
    Que lhe permitiam transformar-se
    Na deusa apaixonada
    Que eu havia visto em pinturas
    Da Revolução Francesa
Mas agora que Mamãe e Nina estão dormindo
E você é como um vidrinho de perfume
    De jasmim concentrado
Gostaria que me falasse do mistério

Agora que Nina e sua Mamãe já estão em mim
Sinto-me com forças para contar-lhe
    Toda a poesia que lhe faltava
Direi que seu avô sempre foi
    Um homem boníssimo
Punha sapatos de veludo
    Para não incomodar com seus passos
Quando andava pela casa
Do quintal se podiam ouvir
    As asinhas das abelhas
Mas quando ia embora a luz do dia
Empenhava-se em roubar uma flor de dama-da-noite
    Do quintal de Nenita
Todos pensávamos que se tratava
    De uma recordação andaluza que o perseguia
Como você sabe, era de Granada e veio para Cuba
    Como soldado nos tempos da Guerra Chiquita
E chegou a este povoado quando
    Os americanos afundaram o navio Maine

Para entrar aqui para tentar
Castrar os cubanos

Depois de cruzar o mar na ponta dos pés
Fui me recordar pelos bairros granadinos
    Do cheiro de colônia pura
    Que se entrelaçava com a aspereza
    Da barba branca de Vovô
Recordava a colônia e a barba branca
A bengala e os sapatos de veludo
Seu sorriso e uns cantos andaluzes
Nas sombras aparece para mim
Como um rei lendário que vem
Salvar a todos da morte

Com o passar do tempo, no fim da década de 1950, a situação política do país estava cada vez pior. As pessoas de minha casa, todos éramos super-antibatistianos, não faziam mais do que falar em voz baixa das atrocidades que o governo cometia contra os cidadãos que não concordavam com Batista. O incidente do qual mais me recordo nesse sentido é o de Pedro, meu primo, o mais ativo politicamente da família. Pedro era filho de meu tio Pupo, mas sua mãe havia morrido quando ele era muito pequeno e Mamãe o adotou. Era como meu irmão, embora muito mais velho. Já no fim dos anos 1950, era um homem casado e com ideias políticas muito fortes a favor do partido Ortodoxo, o partido de Eduardo Chibás. Obviamente, Pedro inclinava-se decididamente para a esquerda política, e, embora talvez nisso fosse o mais radical, o restante da família, inclusive Mamãe, minhas tias e meus outros primos, concordava bastante com ele. Eu, que era um menino de uns doze ou treze anos, achava que eu pintava muito bem, e na rudimentar campanha política de Pedro quando se candidatou a vereador de Manzanillo, pintei uns panfletos com seu rosto e um anúncio em letras grandes coloridas que diziam: VOTE EM PEDRO AGUILERA! PARTIDO ORTODOXO. Não sei se devido à realidade política do momento ou ao caráter rudimentar da campanha na qual um menino de doze anos era o encarregado de pintar à mão os panfletos, Pedro não foi eleito. O que recordo depois disso é que todo o povoado (bem, não exageremos, talvez majoritariamente os que estávamos contra Batista) estava sempre aterrorizado e temeroso das represálias do governo, as quais às vezes culminavam com a morte daqueles que eram considerados ativistas. Nessa época era comum a tortura política. Levavam alguém preso por vários dias, não se sabia nada dele, e um dia ou aparecia morto, ou cheio de manchas roxas horríveis por todo o corpo devido às torturas. Foi isto o que ocorreu com Pedro. Levaram-no preso, ou melhor dizendo, não se sabia onde estava. Suspeitávamos que estava preso, mas a polícia negava que estivesse em alguma das prisões da região. Foram dias de angústia sem igual. Todos gostávamos de Pedro, não só por ser da família, mas também porque era muito boa gente, muito prestativo, calado como seu pai, mas apesar disso gozador como nosso avô. Agora havia desaparecido, e nenhuma providência era eficaz. Vários dias depois, chegou meu outro primo Beto para dizer que Pedro havia aparecido, que o trariam para nossa casa porque os sequazes de Batista haviam-no torturado durante dias porque diziam que ele estava conspirando contra o governo e sabia de outros que estavam na conspiração. Vi Pedro chegar meio sentado em uma maca, como quem sai de uma ambulância depois de um acidente automobilístico. Estava cheio de manchas roxas nos braços, mas nada no rosto. Agrediram-no nos lugares menos visíveis. Depois ele nos mostrou as manchas roxas terríveis nas costas e nas pernas. Aquela imagem de Pedro convalescente das torturas dos batistianos ficou gravada em mim para sempre.

Desde esse momento, vivemos em minha casa meses e talvez anos de um grande terror. A rebelião contra Batista aumentava, ouviam-se bombas que os rebeldes urbanos colocavam como atos de protesto contra o governo. Um dia, na esquina de nossa casa, em um banco, explodiu uma bomba à meia-noite que quebrou os vidros do prédio e estremeceu a todos em casa. Nós olhamos por uma frestinha da janela da frente, mas logo voltamos para os quartos para nos refugiar. Passávamos todas as noites sem sair nem à porta da rua. Às vezes tirávamos as cadeiras de balanço para tomar a fresca depois do jantar, em torno das seis da tarde, mas assim que começava a escurecer nos trancávamos outra vez.

 Em meio àquele ambiente agitado e aterrador, recordo-me que frequentemente ocorria algo que agora me parece muito engraçado, e quando conto aos meus amigos, sobretudo aos meus amigos americanos, sinto que não acreditam em mim ou pensam que eu vivia no meio do realismo mágico mais extremo. Ocorre que o entretenimento mais comum no meu povoado quando eu era muito pequeno era o circo, o qual vinha de vez em quando e nós nunca perdíamos. Eu gostava sobretudo das feras, mas os trapezistas me causavam um pouco de temor por duas razões: porque sentia que a qualquer momento podiam cair e morrer diante de mim, e porque me angustiava a atração que sentia pelos trapezistas homens, fortes, que mostravam volumes grandes (pelo menos era isso o que eu achava então) em suas calças apertadíssimas. Enfim, ocorreu que com o aumento do cinema e depois ainda mais com a televisão, os circos cubanos, como na maior parte do mundo onde chegava a modernização eletrônica, deixavam de ter a mesma acolhida e frequentemente tinham que fechar porque iam à falência. Um dos circos que costumava passar por Manzanillo foi vítima desse efeito da modernização, mas a única coisa que nós soubemos foi que nos arredores do povoado haviam ficado umas barracas e umas jaulas com feras abandonadas pelos circenses. Lembro-me de haver visto que alguns homens que haviam ficado por mais alguns dias cuidando dos animais, em um determinado momento cometeram um erro (foi um erro?) e ergueram a porta levadiça que separava a jaula de um leão da de um tigre, e então presenciei com horror, mas com absoluta fascinação, como as duas feras gigantescas lutaram por alguns minutos enquanto os homens de fora punham-lhes o jato de água de duas mangueiras nos olhos para acalmá-los. Não me recordo como, mas conseguiram baixar a porta levadiça de novo e a calma voltou ao circo abandonado. Não me lembro mais do tigre, mas do leão recordo-me perfeitamente que ficou em sua jaula por mais alguns anos e que se chamava ou o chamávamos de Nilo. Nós em casa, quando tirávamos as cadeiras de balanço para tomar a fresca em torno das seis e meia da tarde, ouvíamos o rugido do leão, e Madrinha ou alguma das demais pessoas da casa, dizia: "Nilo está com fome". Isso indicava que devíamos recolher algo da comida que sobrava, especialmente carne, para levar para ele, que engordava a cada dia não só devido à falta de exercícios, mas também pela quantidade tão grande de comida que vários vizinhos do povoado, incluindo nós, levávamos para ele todas as tardes. Essa atividade, além de ler e jogar ludo, eram as únicas distrações que tínhamos durante os últimos anos da ditadura de Batista.

❦ *Miami* ❦

Como havia chegado a Miami em março de 1962, minha entrada no mundo norte-americano havia ocorrido entre dois eventos históricos de grande envergadura: a invasão da Baía dos Porcos (Playa Girón, abril de 1961) e a Crise dos Foguetes (Crise de Outubro, 1962). Havia completado dezoito anos alguns dias antes (em 21 de fevereiro), e tão logo aterrissei no aeroporto de Miami, meus amigos, aqueles que haviam chegado alguns meses antes, informaram-me sobre alguns dos detalhes da vida nessa cidade da Flórida: os $60 mensais que, como refugiados de um país comunista, o governo dos Estados Unidos nos dava; como e onde se podia ir à escola noturna para estudar inglês; como tínhamos que fazer um orçamento para que os $60 durassem todo o mês. Com esse dinheiro, havia que pagar o aluguel, a comida, transporte e educação, para os que já estavam frequentando alguma escola. A verdade é que para mim tudo aquilo parecia uma aventura interessantíssima, e não me lembro de que tenha ficado deprimido com a escassez repentina que havia se apoderado de minha vida. A verdade é que eu, em Cuba, mesmo depois de 1º de janeiro de 1959, quando a revolução venceu, não havia passado fome nem grandes necessidades materiais. A verdade é que eu nunca em minha vida havia trabalhado. A verdade é que eu nunca em minha vida havia pensado que teria que fazer um orçamento. É certo que minha família não era rica, longe disso, mas uma espécie de classe média que vivia do salário de duas professoras: Mamãe e Nina; mas também é certo que como era filho único de uma mulher divorciada, rodeado por várias tias e um avô, havia vivido até esse momento sem me preocupar absolutamente com ganhar dinheiro, nem com não gastá-lo muito rápido para que durasse o mês inteiro. Em outras palavras, era um menino mimado, para não dizer malcriadíssimo. Porque isso de se ocupar do dinheiro da casa ou de fazer um orçamento para mim, nunca, nunca, jamais. A verdade é que nesse momento em que cheguei a Miami, senti (ou será porque agora que estou refletindo sobre isso acho que então senti tal coisa?) a necessidade de saber algo mais sobre orçamentos pessoais, sobre como administrar recursos escassos. Bem, enfim, cheguei a Miami, e depois de ficar alguns dias no Hotel Tamiami, onde o governo dos Estados Unidos alojava momentaneamente os exilados que chegávamos sem família, dediquei-me a viver (por breves dias, talvez horas) como um pequeno turista. A primeira coisa que fiz foi comprar uma câmara fotográfica para retratar as belezas de Miami e seus arredores. Meus amigos (sobretudo Mandy, o que mais consciência tinha do que é poupar, porque vinha de uma família de burgueses que sabiam fazer dinheiro e não gastá-lo) estavam espantados de que eu gastasse $15 dos $60 do mês em uma câmara. Silvio riu às gargalhadas como antecipando o que me esperava no restante do mês. Poucos dias depois, me dei conta de que estava na penúria mais absoluta e que ninguém poderia vir me resgatar porque todos os meus amigos eram tão pobres quanto eu. Aquela foi a primeira lição de economia. A única coisa que me restava fazer era procurar um trabalhinho para sobreviver nesse e nos demais meses até que começasse a estudar, e então, pelo que me diziam meus sábios amigos, a questão do trabalho seria diferente, embora não menos árdua, talvez mais árdua ainda.

Um ano e meio depois de minha chegada aos Estados Unidos, quando já havia terminado o colégio graças à generosa bolsa (que incluía almoço e tudo) dos jesuítas do Colegio Belén de Miami, eu estava fazendo meus estudos universitários no Miami-Dade Junior College. Em junho desse ano de 1963, no meu primeiro verão de estudos universitários, consegui um trabalho como mensageiro da Western Union, com uma bicicleta velha que eu mesmo tinha que manter. Um sábado, quando me deram os telegramas para distribuir, notei que havia um para mim, de minha casa em Manzanillo. Abri-o e dizia de maneira algo confusa que eu devia ir imediatamente à casa de uns parentes que viviam perto da Iglesia del Gesu no noroeste de Miami, porque eles tinham notícias de Mamãe que estava muito doente. O horror foi total. Como era tão pobre, tinha que me deslocar por meio de carona, mesmo em circunstâncias como essa. Pareceu-me a viagem mais longa de minha vida.

Emilio Bejel, 1963

Ninguém queria me dar carona. Era desesperador. Finalmente, cheguei à casa dos meus parentes, os quais, com a cara abatida, me informaram de chofre que Mamãe havia falecido. Sofri tanto que passados os anos sempre que perdi um amor muito querido (e perdi vários), penso que nenhuma perda se compara à de Mamãe naquele dia. Essa foi a grande perda, as demais foram secundárias, porque além de ser a ausência da mãe, era o momento mais frágil e precário da minha vida. Ela sempre havia sido uma pessoa doente, porque era asmática e tinha problemas de coração. Disseram-me que tinha tido ataques de asma tão sucessivos que seu coração parou. Em meio à minha desgraça, o primeiro que chegou para me consolar foi Silvio. Por isso e por muitíssimas outras coisas mais, sempre foi o amigo mais importante que tive e também o mais *sui generis*.

❧ A Colheita de Tomates ❧

"No se me agüiten. No se me agüiten"*, dizia, a intervalos regulares, o capataz mexicano que comandava o grupo de colhedores de tomates no qual eu me encontrava. A necessidade econômica forçou-me a procurar trabalho, e o único que encontrei foi o de colher tomates nas plantações do sul da Flórida. Lembro-me de que no mesmo dia que comecei a trabalhar, quando retornei a casa, escrevi uma carta a Mamãe para dizer a ela que aquilo era simplesmente maravilhoso. Mamãe, em sua resposta à minha carta, mostrou-se algo desgostosa, pois não podia acreditar que seu menino mimado, mimadíssimo, estava contente de viver pobre, sem família, e de trabalhar colhendo tomates oito horas diárias. Sobretudo, ainda mais ela!, Mamãe estava se doendo porque eu, na verdade, não estava morrendo agora sem sua ajuda. Na carta seguinte, disse-lhe que minha vida era uma verdadeira desgraça, e então Mamãe ficou mais desgostosa e preocupada do que da primeira vez porque seu filho d'alma

---

* Mexicanismo equivalente a "Vamos, não afrouxem". (N. T.)

estava sofrendo. A partir daí, escrevia-lhe com uma dose equilibrada de queixas e boas notícias.

Bem, a questão é que a plantação de tomates ficava longe pra cacete. Tinha que me levantar às quatro da manhã, tomar banho, tomar café da manhã com o que tivesse e sair caminhando por uma hora e meia para chegar até o caminhão que me levava à plantação. Recordo-me que como viajávamos na boleia daqueles caminhões, que iam cheios de jovens de vários países terceiro-mundistas, a areia entrava em nossos olhos quando o vento soprava à medida que o caminhão acelerava. Finalmente, depois de algumas horas de viagem, chegávamos aos campos de tomate e em seguida tínhamos que começar a trabalhar. A primeira coisa que fiz foi olhar para ver como se fazia, como eram recolhidos aqueles tomates que estavam em plantações alinhadas em filas separadas por sulcos cheios de água. O primeiro dia foi o mais terrível de todos, mas depois percebi que havia sido tão mais terrível porque eu havia levado aquilo de trabalhar sem parar a sério demais. Em poucos dias, já havia ficado amigo do capataz, o que me permitiu certa folga de vez em quando e ele não me incomodava demais quando eu me escondia atrás das plantações de tomate para fazer o trabalho de maneira um pouco mais folgada. Eu havia notado que o capataz carregava uma faca mediana, mas afiadíssima, e me ocorreu perguntar a ele para que. A resposta não se fez esperar e me deixou atônito. Ele usava a faca para cortar parte da pele e do músculo da perna do trabalhador que fosse picado por uma das cobras venenosíssimas que ali havia em abundância e que se escondiam precisamente na água dos sulcos. O capataz me disse: "Quando caminhar nos sulcos, tenha muito cuidado para não pisar em uma dessas bárbaras". A verdade, aliás, é que nunca nenhuma me picou, nem me lembro de haver visto uma só "dessas bárbaras". Talvez tenha visto uma ou duas entre as plantações, mas não me lembro bem.

Depois de uma semana na plantação de tomates, um dia em que estávamos trabalhando bastante duro, de repente o trabalho foi interrompido e até o capataz deixou de prestar atenção em nós para olhar um grupo de homens bem vestidos, que rodeava outro que ia com um paletó no braço, camisa branca muito bem passada, mangas arregaçadas, uma gravata elegante e olhava às vezes os campos e outras seus interlocutores que falavam com ele como dando explicações. O homem da camisa branca e da gravata era mais exatamente baixinho e magro, e eu ouvi nesse momento alguém dizer: "é o irmão do presidente". Não me lembro de mais nada desse incidente, mas com o passar do tempo cheguei à conclusão de que certamente esse homem era nada menos que Robert Kennedy, Ministro da Justiça dos Estados Unidos, que havia vindo ver as condições de trabalho dos colhedores de tomates. Alguns dias depois, aumentaram nosso salário de 65 para 75 centavos por hora, e nos deram um valor retroativo que eu recebi muito contente como um presente de quem quer que tivesse sido aquele homenzinho vestido com uma camisa branca e uma gravata comprida e elegante.

Em meio a todos aqueles afazeres, eu havia decidido com alguns dos meus amigos *manzanilleros* que tinha que aprender inglês, e para isso tínhamos que fazer um grande esforço; depois da colheita de tomates diária de oito horas, tínhamos que tomar banho outra vez, comer o melhor possível e ir para a Escola Lindsey Hopkins para ter aulas de inglês grátis que o governo dos Estados Unidos oferecia aos cubanos exilados. Assim fizemos. Lembro-me que aquilo era como haver regressado ao que me era próprio, ao estudo e à escola, que, depois de tudo, era o objetivo de minha vida. Lembro-me que aprendi muito ali, que havia duas professoras das quais me recordo o rosto e a figura, mas não o nome, e que uma delas gostava de ensinar o idioma de Shakespeare na base de aprender e cantar canções em inglês. Ainda posso entoar alguns pedacinhos de "Stormy Weather". Era muito divertido. Também me lembro de que uma noite em que eu voltava sozinho da escola para o apartamento no noroeste de Miami, alguém me disse em espanhol cubano da janela de um edifício velho por onde eu passava diariamente em minha viagem de volta: "como você rebola, veado". Continuei caminhando como se não tivesse ouvido nada, mas naquela noite não pude dormir bem, pensando que eu rebolava ao caminhar, que isso na cultura cubana significava veadagem e que talvez tivesse que caminhar de outra maneira. As dúvidas voltavam: seria eu veado?

❦ *Minha Primeira Namorada* ❦

Apenas alguns dias depois que a revolução chegou ao poder em janeiro de 1959, completei quinze anos de idade e a puberdade estava em todo o seu esplendor. Minha vida concentrava-se em minha família, o Instituto e a igreja. Nessa época, recordo ter me tornado mais católico do que nunca, talvez devido precisamente ao fervor político, ou talvez ao fervor sexual, ou a ambos. Além de uma luta interna constante entre meu desejo compulsivo de me masturbar e a proibição da igreja – isso era pecado mortal –, eu começava a conceber a ideia – seguramente impulsionada pelo desejo mais exorbitante – de que precisava ter uma namorada. De fato, devo dizer que não foi tanto assim como um dever, mas que também tinha havido toda uma série de garotas pelas quais havia me apaixonado platonicamente nessa época, mas agora aos quinze anos a coisa ficava um pouco mais séria. Claro que, como quase minha única atividade social durante os últimos anos de Batista tinha sido com os amigos da igreja, e algo com os do Instituto, era desses dois lugares que conhecia a maior parte de minhas amizades, masculinas e femininas. Recordo que um dia, um de meus amigos mais íntimos, Rogelio García, me disse que havia brigado com sua namorada Aida porque eram muito diferentes e estava procurando outra garota mais dinâmica. Não sei se pelo desejo triangular, mas o certo é que eu havia gostado de sua namorada desde o exato momento em que os vi juntos, e aquela era minha oportunidade de ouro. Com a eficiência que me caracterizou durante toda a vida cada vez que me empenhei em algo que considerava importante, imediatamente comecei as gestões para me aproximar da ex do meu melhor amigo. Aida era calada, caladíssima, de família muito pobre e, sobretudo (vocês já verão por que isso é importante), mulata clara. Falei com ela várias vezes ao sair da missa; outras antes de a missa começar; outras em atos do grupo da nascente juventude estudantil católica ao qual comecei a pertencer. O fato é que antes de que passassem umas poucas semanas, estávamos namorando, ou algo semelhante. Éramos, como se dizia entre nós nessa época, namorados do salão, do salão da igreja onde os fiéis se reuniam para conversar. Ali também havia uma mesa de pingue-pongue onde os meninos jogavam enquanto socializavam com as meninas. Não obstante, naquela comunidade havia um grupo desproporcional de meninos um tanto... bem, como se dizia então, afeminados. Era como um refúgio para os que eram humilhados e vexados em outros grupos por não serem muito varonis. Claro que havia os muito machinhos, entre os quais eu me encontrava, ou pelo menos assim eu achava, porque com o passar do tempo vim a me dar conta de que, apesar de minha atração por Aida e outras meninas nessa época, em certo sentido eu era um dos refugiados naquele recinto, um dos que ia ali porque, entre outras coisas, em outros lugares me taxariam de demasiado "filomático" (termo que em Cuba era usado para referir-se a um rapaz muito estudioso ou "caxias", a um passo de ser afeminado ou algo "muito pior"). Tanto era assim que, pensando agora naquela época, embora esteja convencido de que efetivamente estava apaixonado por Aida, o fato é que me atraía mais seu irmão Rigoberto, um menino bonachão, de corpo esbelto, lábios carnudos e com uma pinta de mulato mais acentuada que a de sua irmã. Claro que eu não dizia isso nem a mim mesmo, mas não havia dúvidas de que era assim.

Presenteei Aida com uma infinidade de rosários, véus, relicários, missais, até o ponto de que um menino malévolo do grupo chamado Juan me gozava dizendo que em vez de estar seduzindo Aida, eu a estava convencendo a virar freira. Não era exatamente assim, apesar das aparências, porque na realidade tinha muita vontade de enfiar a mão na namoradinha. Depois de vários meses de relacionamento com Aida, um dia Rigoberto me disse que sua mãe (que era viúva) queria falar comigo. Lembro-me de que me senti importante porque suspeitava que a mãe de Aida aceitava o relacionamento e queria que eu visitasse minha namorada em sua casa. Assim foi. Tratava-se de uma espécie de formalização, mas não o disse a Mamãe até várias semanas depois de minha primeira visita de namorado. Mamãe sabia de tudo, pois não se podia ocultar nada naquele povoado velho e fofoqueiro, onde todo mundo conhecia todo mundo e não se fazia nada mais do que fofocar. Como Mamãe não ia saber o que estava acontecendo quando eu andava como os gatos no cio? Mal parava em casa, saía sem dizer aonde ia, chegava tarde... Entre a namorada, a igreja, o Instituto e o começo da revolução, minha vida estava sempre ocupadíssima.

Ia à casa de Aida todas as noites depois do jantar. Após uma breve conversa com a mãe da menina, ela nos deixava sozinhos na sala. Rigoberto quase sempre saía durante minha visita, o que me incomodava um pouco porque na verdade me sentia atraído por ele também, embora não tivesse sabido o que fazer nem como me aproximar de tal atração se houvesse se apresentado a oportunidade. Aida e eu nos sentávamos nas cadeiras de balanço da sala diante da porta que, embora estivesse aberta, dava para uma vila escura, onde não passavam muitas pessoas. Nós fazíamos o que podíamos naquela salinha. Primeiro segurávamos nas mãos, depois começávamos a nos aquecer tocando-nos em qualquer parte, beijávamo-nos desesperadamente, e se sua mãe entrava no banheiro para tomar banho (obviamente a mulher era uma alcoviteira que queria que eu enfiasse a mão na filha), aproveitávamos maravilhosamente. Em assuntos amorosos, ela não era a bobinha que parecia. Um dia houve um pequeno inconveniente, pois não nos havíamos dado conta de que, embora a rua estivesse muito escura, ou precisamente por estar, os vizinhos da casa ao lado viam as sombras aumentadas de nossos corpos refletidos na calçada da casa e tinham uma ideia bastante precisa do que fazíamos na salinha, quando, como e em que posição. E ocorreu que uma das crianças imprudentes da vizinha disse isso à mãe de Aida diante de nós; nesse momento senti um zumbido de terror nos ouvidos. A mãe de minha namoradinha fez que não entendeu e gritou para a vizinha para que chamasse seu imprudente filho. Desde esse momento, a mãe de Aida apagava a luz da sala onde nos sentávamos, para que os vizinhos não vissem na calçada o reflexo de sua filha beijando e masturbando seu indecente namorado. A escuridão favorecia nossas atividades.

Uma vez Aida me disse que a haviam chamado para a Campanha de Alfabetização e isso me deu um verdadeiro ataque de ansiedade. Lá naqueles campos, com tantos outros meninos soltos, iriam aproveitar-se dela maravilhosamente, e eu não podia tolerar aquilo, ainda mais que não havia me aproveitado dela ainda. Eu disse a ela que não poderia ser, mas sua família, muito revolucionária, insistiu. Eu insisti mais que eles e Aida foi uma das poucas pessoas de seu grupo que não foi alfabetizar no campo. Fez outros tipos de trabalho no povoado para ajudar a revolução. Nessa época, começava a guerra aberta entre a igreja e o Estado cubano, e eu tomava partido da igreja. O resto é história. Fui me tornando cada vez mais contrarrevolucionário e comecei a planejar com alguns dos amigos da igreja a saída definitiva do país. Aida tornava-se cada vez menos importante para mim. Depois da invasão da Playa Girón em abril de 1961, fui para Havana providenciar meus papéis de pedido de saída de Cuba. Mas para isso precisava da autorização de meu pai.

❧ Quando Veio a Revolução ❧

Localizado na baía de Guacanayabo no sudeste da ilha, Manzanillo fica relativamente perto da parte sudoeste da famosa Sierra Maestra, isto é, a cordilheira de montanhas na qual Fidel e seus guerrilheiros formaram o comando central da revolução contra Batista. De minha casa, no quintal, ouvíamos às vezes o barulho dos tiroteios nas montanhas. No princípio, nos assustaram muito, mas depois começamos a nos acostumar e era como uma estranha forma de entretenimento. Um dia, com muito mistério, Mamãe me chamou no quarto porque queria falar comigo. Disse-me que na casa da Madrinha tínhamos escondido um rebelde da serra, um revolucionário que estava ferido em um cotovelo e em uma nádega. Meu papel seria naquele momento ajudar Madrinha na leiteria porque agora ela não confiava em nenhum de seus ajudantes, e poderiam descobrir que em um dos quartos de sua casa havia um rebelde ferido. Pouco a pouco, fui conhecendo o rebelde, que me pareceu o homem mais belo e *sexy* do mundo. Consegui me tornar amigo dele e em várias ocasiões me mostrou suas feridas. A do cotovelo, olhei com indiferença, a da nádega quase me fez vomitar de nervosismo, devido à atração contida. Desde esse momento, falava com ele e lhe perguntava sobre as feridas, mas não voltou a me mostrar a da nádega. Não sei se percebeu meu desassossego. Um dia, a namorada o visitou com muito sigilo, e Madrinha me disse que os deixássemos tranquilos, e todos fomos para minha casa defronte, enquanto os namorados se relacionavam. Eu estava cheio de ciúmes, de ciúmes exaltados, pensando no que estariam fazendo, mas não me dava conta totalmente de por que me sentia como me sentia.

De repente, um dia, na madrugada de 1º de janeiro de 1959, levantamo-nos mais cedo que nunca porque alguém da família havia chegado em casa muito sobressaltado dizendo que Batista havia abandonado o país e que, portanto, a revolução havia vencido. Era como um sonho tornado realidade, estávamos contentíssimos, mas intranquilos, não sabíamos o que fazer, ligávamos o rádio para ouvir as notícias, falávamos e dávamos opiniões sem saber exatamente o que dizíamos. As notícias começaram a ser cada vez mais claras, efetivamente Batista havia fugido e a revolução de Fidel Castro começava a posicionar-se para tomar o poder no país. Não sei quando, mas recordo que houve um momento, acho que nesse mesmo dia, mas não tenho certeza, em que começamos a ver pelotões de guerrilheiros cabeludos e sujos, e não muito armados, que, digamos, desciam pelas ruas de Manzanillo em certa ordem militar. O povoado inteiro foi para a rua recebê-los como heróis, como se estivéssemos em um filme de algum épico extraordinário. Recordo que a mais alegre de minha família era Madrinha, que imediatamente se pôs a preparar café e algumas coisas de comer para dar aos milicianos que vinham da serra. Em um momento, Mamãe saiu com copinhos de água para alguns milicianos que passavam diante da casa. Creio que alguns meses depois, Madrinha chegou em casa explodindo de alegria e dizendo: "Estou apaixonada. Vi o Che passar pertinho de mim. É lindo". Claro, referia-se a Che Guevara. Hoje, quando em minhas aulas na universidade o nome de Che reluz, a maioria de meus alunos ou não sabe de quem falo ou tem apenas a imagem de Antonio Banderas fazendo o papel de Che no filme *Evita*.

❦ O Instituto ❦

Em meio àqueles momentos de terror revolucionário, sentia-se uma enorme tensão em todos os lugares, uma luta política que chegava a todas as instituições do país. De todas elas, foram a igreja (como já contei) e o Instituto de Ensino Secundário (onde eu fiz o colegial) aquelas em que me senti mais envolvido pessoalmente. Aquele ano de 1959 foi uma luta constante. Lembro-me de que não havia dia em que não houvesse alguma batalha de algum tipo entre estudantes, entre professores ou entre estudantes e professores. Uns do lado da revolução e outros já mostrando insatisfação com o regime.

E aí começou o que foi uma das páginas mais interessantes de minha vida. De fato, essa foi minha primeira participação ativa em questões políticas. Os jovens católicos de Manzanillo integramo-nos à JEC (Juventude Estudantil Católica, ali dirigida pelos Hermanos de la Salle), a qual se tornava cada vez mais organizada e politicamente ousada. Nosso principal centro de ação era o Instituto, e tão logo começaram as lutas políticas contra os simpatizantes do governo, aprendemos com rapidez a fazer política, e política suja: a organizar eleições à maneira dos comunistas. Houve eleições estudantis no Instituto, e decidimos participar ativamente delas para derrocar os comunistas. Entre os que mais recordo como líderes da JEC, estavam Liardo, Mandy, Carlito, Bernardo, Jorge, Oilime, Silvio e eu. Havia vários outros, mas esses são os que mais vêm à minha mente. O primeiro presidente dessa associação foi Mandy; o segundo fui eu. Silvio foi o vice-presidente da Mandy durante os anos mais interessantes do movimento.

O fato é que chegaram as eleições e nós pusemos Mandy como nosso candidato para presidente estudantil; disputou com Iki, um garoto bem apessoado e inteligente que simpatizava com a revolução. Fizemos campanha de todo tipo, conspiramos para averiguar o que nossos adversários estavam planejando. Tivemos várias reuniões abertas e muitas outras secretas, para fazer alianças com qualquer um que pudesse nos ajudar no que acreditávamos nesse momento ser um dever religioso, mais que estritamente político. Tratava-se de salvar as almas do Instituto e com isso ajudar a salvar as almas do país inteiro. Por muitos anos, pensei naqueles momentos e em outros semelhantes e refleti sobre quão perigosas são as pessoas convencidas demais de que possuem A Verdade; quão capazes são de cometer os maiores abusos e ilegalidades. Os maiores crimes são realizados por aqueles que são apaixonadamente religiosos ou apaixonadamente políticos. Em nome de grandes causas, são cometidos os maiores abusos do mundo. Mas, enfim, voltando aos eventos das eleições de Manzanillo, o certo é que fomos muito eficazes em nossas táticas. Chegamos até a fazer campanha tratando de confundir o nome do candidato adversário, Iki, com o de Ike, pois dessa maneira se associava (ou isso pensávamos em nosso delírio) com o mimado Eisenhower, presidente dos Estados Unidos naquele momento, o qual se considerava o inimigo número um dos cubanos nesse momento. Não sei se por isso ou por outras razões, o fato é que ganhamos arrasadoramente as eleições, embora na verdade não tivéssemos desfrutado da vitória por muito tempo. Tão eficazes havíamos sido em nossa campanha, não só para ganhar as eleições estudantis, mas também para controlar a política do Instituto, que chegamos a ditar, ou pelo menos a influir em como se interpretavam certas ideias históricas e filosóficas, que cursos deviam ser dados e, sobretudo, como devia ser apresentada a história e outros assuntos relacionados com a Igreja católica. Em outras palavras, estávamos fazendo o mesmo que os comunistas fariam depois conosco, ao derrocarem nosso efêmero poder. Nossa eficácia política no Instituto chamou a atenção dos líderes governamentais, e logo as coisas começaram a mudar contra nossos interesses. Até que um dia, pouco depois da vitória do governo de Fidel na derrota dos invasores da Baía dos Porcos, recordo que chegaram ao Instituto uns revolucionários, não todos estudantes, para derrubar o governo estudantil de "bebezões católicos". Chegaram armados com *black jacks* e uma atitude tão beligerante que foi óbvio que aquele era o dia do nosso fim. Desde esse momento, pensamos que nosso destino se reduzia a que não podíamos estudar e estávamos marcados politicamente em meio a um momento de grande fervor e extremismo revolucionário. Até esse momento, havíamos nos aproveitado do poder da igreja e dos interesses criados em torno dela (os ricos, por exemplo), mas, claro, os comunistas e seus simpatizantes tinham nada menos que o governo do país inteiro. Ganhamos algumas batalhas, mas perdemos a guerra miseravelmente. Expulsaram-nos do Instituto à força e desde esse momento vários de nós, eu inclusive, dedicamo-nos a buscar uma maneira de sair do país.

No que se refere à minha vida sexual, a verdade é que em meio àqueles momentos tão dramáticos, eu estava travando múltiplas batalhas: as lutas políticas e as sexuais. Tinha minha primeira namorada, mas não creio que isso diminuiu, e sim talvez aumentou, meus desejos homoeróticos. Não é que praticasse a homossexualidade nem muito menos nessa época, mas sim tinha ondas de tentações constantes. Lembro-me de que em meio às lutas estudantis do Instituto, havia um estudante magrinho sarará que insistia que se parecia com Elvis Presley e alardeava ser superdotado sexualmente. Em sua semelhança com Elvis Presley, ninguém nunca acreditou, porque na realidade era fisicamente o oposto, mas quanto a seu sexo não tivemos necessidade de acreditar porque todos os meninos daquele recinto tivemos provas irrefutáveis de sua absoluta magnificência. No banheiro, mostrava para todo mundo, e eu me fazia de displicente, mas a verdade é que me deixava verdadeiramente tonto aquela imagem prodigiosa. Eu fazia todo o possível para congraçar-me com ele, sem saber por que o fazia. Sentávamos em um murinho da entrada do Instituto e ali falávamos de qualquer coisa, mas seu tema central era sempre sua proeza sexual. Não podia pensar em outra coisa, eu também não. Um dia, porém, o falso Elvis me disse que estava enojado com a revolução e com os constantes comícios que os estudantes revolucionários faziam, e que ele simplesmente achava que tudo aquilo era comunismo. Não me lembro muito a que classe social pertencia, mas sim sei que não era de nenhuma família conhecida e também não ia à igreja. Pouco depois, soube que sua família estava integrada a uma seita protestante que desde muito cedo se opôs à revolução. A partir desse momento, o falso Elvis meio que se uniu aos estudantes católicos organizados contra os comunistas. Mas não posso esquecer de que eu vivia pensando em seu membro desenvolvidíssimo, e do meu horror exuberante ante o perigo de que alguém (especialmente eu mesmo) se inteirasse daqueles sentimentos proibidos. Esse foi um dos muitos momentos em que me dava certa conta de que havia algo em mim que não podia controlar, e que esse algo estava vetado pela sociedade de forma violenta. Havia que reprimir isso.

❦ O Orange Bowl ❦

Como era de se esperar, o tema central de minha vida e de meus amigos cubanos exilados nos meses posteriores à minha chegada aos Estados Unidos em março de 1962 era a invasão da Baía dos Porcos. Não parávamos de falar desse evento, que foi algo enorme, não só para os cubanos, mas para o mundo inteiro, ocorrido em abril de 1961, e nós, claro, havíamos sido vítimas diretas dessa crise. Lembro-me de que, estando ainda em Cuba, ia ver as notícias da invasão na televisão da casa de Rosita Tierranueva, nossa vizinha do lado. Toda aquela família era a favor de Fidel, e me lembro que eu, como gostava sempre de discutir, já tinha divergências com alguns de seus membros, sobretudo com a velha Rosa, que era ferrenha, e brigava comigo devido às minhas ideias contrarrevolucionárias. Ouvia e via como as forças do governo iam ganhando a batalha contra a mal concebida e mal apoiada invasão. Foi o grande êxito de Fidel. Enfim, onze meses depois eu havia saído do país e me encontrava colhendo tomates no sul da Flórida.

Nesses primeiros meses de exílio, além de tentar sobreviver à miséria econômica e ao choque cultural, dedicava-me, como a maior parte dos cubanos exilados, a acompanhar quaisquer notícias que se referissem a Cuba. Como Kennedy estava na Casa Branca e ele havia sofrido as consequências políticas da fracassada invasão, toda a sua administração se dedicou a pôr remendos no fracasso. Dentro dessa política geral, uma das táticas mais óbvias, pelo menos para nós, era a de congraçar-se novamente com os cubanos exilados. Com esse objetivo em mente, o governo de Kennedy organizou uma grande reunião do presidente com os cubanos exilados no Orange Bowl de Miami. Não recordo em que mês isso ocorreu, mas sim que eu ali estava, entre milhares e milhares de cubanos, que parecíamos haver mordido a isca e estávamos dispostos a ouvir com bastante entusiasmo o líder norte-americano que alguns meses antes nos havia abandonado ao retirar na última hora o apoio aéreo à invasão, que libertaria os cubanos da ameaça comunista e nos permitiria regressar à nossa querida pátria livre e soberana (nem tão livre nem tão soberana, penso agora, já que essas características nunca foram parte da situação nacional durante toda a sua história, mas assim pensávamos nessa época).
    Lembro-me de que eu estava sentado em uma fila bem alta do Orange Bowl, o que portanto não me permitia ver de perto o que ocorria na arena desse grande estádio. Não me esquecerei nunca quando, como quem vê um touro saindo para começar uma tourada, vi o Lincoln Continental conversível do presidente deixando um dos extremos do estádio com John e Jacqueline Kennedy sentados no banco de trás. O luxuoso carro ia rodeado de agentes de segurança que corriam do lado, na frente e atrás do Lincoln. O presidente levantou-se e acenou com um grande sorriso; nesse momento houve um rugido de milhares de cubanos que pareciam haver esquecido as vicissitudes da recente invasão fracassada. Sei que Kennedy falou nessa ocasião, como era de se esperar, mas não recordo nada do que disse, só me lembro dele e de Jackie no conversível acenando. Agora falo aos meus alunos da Universidade do Colorado sobre a invasão e sobre Kennedy, e mal sabem do que estou falando ou

pensam que me refiro a uma época pré-histórica. Para os meus alunos universitários, mesmo o tempo de Reagan já é *passé passé*.

Mas verdade seja dita, aqueles momentos dos meus primeiros meses no exílio em Miami foram muito intensos e interessantes. Nessa época, eu vivia com vários amigos, todos de Manzanillo, em um apartamentinho horrível do sudoeste de Miami, chamado Bairro da Pastorita, porque assim se chamava a diretora da Reforma Urbana em Cuba e havíamos transportado esse nome para o nosso mundo nos Estados Unidos. Nisso chegou outubro desse ano de 1962 e outra grande crise mundial em relação a Cuba surgia, como se nos recordasse que os conflitos entre os Estados Unidos e nossa ilha nunca cessavam. Em meio à chamada Crise de Outubro ou Crise dos Foguetes, durante a qual os Estados Unidos e a União Soviética quase chegaram a desencadear a terceira guerra mundial devido aos mísseis que Kruchev havia instalado em Cuba em segredo, nós, no apartamento da Pastorita, vivíamos tentando averiguar as notícias sobre o que estava acontecendo com nossa ilha enlouquecida. Nosso meio de informações era o rádio, já que ter televisão pertencia a um mundo longe do nosso alcance. Além disso, o que ouvíamos eram as notícias em espanhol, porque para nós era difícil entender em inglês. Em uma ocasião, alguns de nós (não me lembro quem exatamente) resolvemos fazer uma sacanagem com os demais colegas do apartamento. O plano era macabro. Gravamos em uma fita cassete a voz de um de nós anunciando que os Estados Unidos haviam conseguido liberar Cuba do comunismo graças a um acordo com a União Soviética e, portanto, logo todos poderíamos regressar triunfantes à nossa terra natal. Colocamos o gravador atrás de um radinho meio destruído, de tal modo que parecesse que a notícia saía diretamente do rádio. Quando os que estavam fora da brincadeira chegaram, dissemo-lhes excitados que algo grandioso estava ocorrendo e que ligaríamos o rádio para ouvir as notícias. Todos, os inocentes e os malvados, nos aproximamos do radinho que, de alguma forma, parecia desligado até que um de nós fingiu que o ligara, mas na realidade o que fazia era pôr a fita para rodar. A notícia foi tão fulminante entre os que ignoravam a terrível brincadeira que começamos a nos acovardar. Sentimos verdadeiro pânico porque sabíamos que as consequências do fato podiam chegar à violência. Só recordo que os culpados de tão maligna brincadeira tivemos que passar alguns dias e noites na casa de outros amigos para poder aplacar aqueles que, com toda a razão, queriam nos matar e picar em pedacinhos.

❦ O Garoto Bem Vestido ❦

Eu sempre gostei de ir à escola. Mamãe me dizia que desde muito pequeno, antes da idade escolar, eu insistia em ir para a escola, aparentemente para imitar meu primo Rafael, alguns anos mais velho que eu (não tenho certeza, acho que tinha uns cinco anos a mais). Grande parte das memórias de toda a minha vida em Cuba tem algo a ver com a escola, com meus amigos do Colegio Corona, com os do Instituto de Ensino Secundário. Do que posso me recordar, eu gostava das aulas, e ainda mais dos amigos, da socialização. Penso que tenho mantido esse comportamento até hoje, pois na realidade, de uma maneira ou de outra, nunca saí da escola e nunca deixei de desfrutar dos amigos e de me sentir rodeado de gente. Recordo uma infinidade de pequenos eventos, professoras boas e ruins, momentos felizes e alguns medos. Mas agora gostaria de contar algo muito especial relacionado com a escola de forma muito tangencial. Trata-se de um garoto que tinha uns quinze anos quando eu tinha uns oito ou nove, e além disso não parecia estar em nenhuma das escolas que eu conhecia, nem no Instituto, nem nada.

Sempre andava bem vestido e era afetadíssimo. Eu o via quando saía da escola às três da tarde, pois imagino que trabalhava em algum lugar próximo e isso fazia com que coincidíssemos frequentemente. Esse garoto afeminado era hostilizado pelos garotos da escola, e por qualquer um que se encontrasse com ele no caminho. Chamavam-no de "bicha", riam dele sem o menor respeito nem o menor cuidado para que não se desse conta. Estou certo de que queriam precisamente que se desse conta de que estavam gozando claramente dele, que todo mundo se desse conta de que estavam caçoando dele, porque para aqueles garotões era uma maneira de se sentirem mais machos, de se livrar de qualquer dúvida possível sobre a masculinidade deles mesmos. Até jogavam nele alguma bolinha de papel ou qualquer coisa para insultá-lo. Ele caminhava apressado, com um sorriso nervoso, para evadir alguma coisa que parecia haver-lhe ocorrido durante toda a sua vida.

Uma vez o vi no terminal de ônibus de Manzanillo, e estava esperando o ônibus com destino a outros povoados: o Rota 80. Parece que frequentemente esse garoto ia a algum povoado, a Santiago talvez, e tomava o ônibus ali. O que é certo é que seus perseguidores haviam notado que esse pobre garoto fazia esse trajeto com frequência, e o haviam batizado cruelmente com o nome de "Lolita Rota 80". Ele vivia nos arredores do povoado, mas quando passava por uma das ruas onde se encontrava com outros garotões da região, tinha que aguentar a humilhação dos gritos, os assovios, os insultos, os "ai, boneca, me dá essa bundinha", "ai que linda que ela está", "rebola, bichona" etc., etc. Acho que o que mais sentia por ele era medo, mas nessa época pensava que o que sentia era pena. Tinha medo dele porque representava o que se sofria quando naquele povoado se descobria ou se suspeitava que alguém era homossexual ou afeminado. Porque não é que soubessem o que esse garoto fazia ou deixava de fazer sexualmente, era mais exatamente uma imagem de fraqueza, um caminhar, uns gestos (ah! esses gestos com os quais se devia ter tanto cuidado!). Realmente, sem me dar conta, identificava-me com ele, e temia os que gritavam para ele porque podiam fazer o mesmo comigo. Ele era como a luz vermelha de um sistema de trânsito indicando o que se podia e o que não se podia fazer, como caminhar e mover as mãos, como lidar com as mulheres, com quem se podia falar, quem se podia ter como amigo e a quem havia que eliminar porque era um lazarento da sociedade.

Quando eu já era um adolescente e havia chegado a ser um dos líderes da Juventude Estudantil Católica de Manzanillo, notava que havia vários garotos do povoado que eram como aquele garoto tão vexado e humilhado. Hoje sei que entre os garotos da JEC havia vários que depois – quase sempre já nos Estados Unidos – se assumiram como gays, mas naquela época conseguiram manter isso escondido às vezes até deles mesmos. Eu era um desses garotos, e hoje quero render homenagem a quem quer que tenha sido e onde quer que esteja esse garoto, que por alguma razão não conseguiu ou não pôde atuar como exigia o código machista e foi infinitamente humilhado por ele. Gostaria de mudar o nome dado a ele quando o humilhavam, gostaria de rebatizá-lo com o nome de O Garoto Bem Vestido, pois era o que realmente o distinguia de todos os demais.

Quanto a mim, nesses anos, lembro-me de que gostava de conversar com umas senhoras, Acacia e Cheché, amigas de minha família que moravam muito perto de casa. À noite, durante o governo de Batista, como disse antes, não havia muito o que fazer nesse povoado. Quando não lia algum livro ou jogava ludo com minha mãe e minhas tias, tinha duas opções: ou brincar com Nachi, o vizinho, ou conversar com Acacia e Cheché. Lembro-me que me agradava a atenção que davam a mim, e eu, como de costume, falava de qualquer coisa que me ocorresse, com grande entusiasmo e gesticulação. Um dia fiquei mortificado quando Acacia me interrompeu para me dizer que "não falasse com as mãos, que os homens não falavam assim". Cheché concordou. Aquelas senhoras tão amáveis haviam se convertido em policiais do tráfego dos gestos, em gendarmes da ortopedia da gesticulação. Acacia falou com Mamãe no dia seguinte e disse a ela que "pelo bem de Emilinho, ela queria adverti-la que o menino tem gestos". A questão, segundo ela, era que eu mexia as mãos ao falar e as dobrava, em vez de manter as mãos imóveis ou mexê-las em linha reta, sem dobrá-las para fora. Mamãe não achou nenhuma graça do comentário e pretendeu não dar importância a ele, mas depois me chamou e me disse de maneira muito terna e cuidadosa (embora o cuidado nesses assuntos não fosse suficiente para evitar o absoluto terror e indignação de minha parte) que tinha que "fazer exercícios com as mãos para que não as mexesse daquela maneira, que talvez devesse dar socos na parede com elas para endurecer meus gestos". Aquilo me doeu muitíssimo e me fez ter muito cuidado com a forma como mexia as mãos. Além disso, desde aquele momento deixei de ir conversar com Acacia e Cheché. Foi óbvio para mim nessa época que tinha que aumentar a dose de parecer muito machinho em todo momento, de me cuidar constantemente para não fazer certos gestos proibidos. Hoje em dia, em minhas aulas de estudos gays, conto aos alunos essa recordação e lhes digo que chamei a essa repressão gestual *A proibição da linha curva da mão*. Por que os homens só podem mexer as mãos em linha reta e não curva? Por que tanto problema com um simples gesto? A quem causa dano que um homem ou uma mulher fale com a expressividade que tiver realmente vontade? O medo da transgressão dos papéis genéricos em seus mais mínimos detalhes é uma verdadeira obsessão na sociedade cubana, na norte-americana e em muitas outras.

Gainesville Sun, 25 de maio de 1984
Estudantes tentam boicotar a permanência a um professor[*]

Por Larry Keen

TALLAHASSEE. Depois de um debate acalorado e sem precedentes, o Conselho de Regentes do estado votou na quinta-feira com resultado de 3 a 2 a favor de dar permanência na Universidade da Flórida ao professor Emilio Bejel.

Hoje, o conselho constituído por treze membros terá que discernir entre referências carregadas de emotividade sobre a liberdade, a Cuba comunista, os autores que escaparam de Fidel Castro, e inclusive sobre Adolf Hitler, antes de conceder a permanência a Bejel.

O processo de conceder permanência comumente se dá sem discussão e com o voto unânime dos regentes.

Mas nesta quinta-feira, ao realizar o trâmite para cerca de 125 professores, houve uma guinada inesperada quando seis estudantes da Universidade da Flórida disseram que Bejel sistematicamente lhes negou liberdade acadêmica ao enfatizar o estudo de autores socialistas em detrimento de escritores cubanos que vivem exilados nos Estados Unidos.

Por trás das acusações dos estudantes, está a política. Os estudantes dizem que Bejel é um esquerdista que viaja frequentemente a Cuba; Bejel disse aos repórteres em uma conversa telefônica que ele é, de acordo com os parâmetros americanos, um liberal considerado esquerdista do ponto de vista da "posição de direita" dos estudantes cubano-americanos e dos legisladores.

"Parece que o Dr. Bejel não pode separar suas atividades políticas de seu trabalho nesta instituição", disse a porta-voz Lilian Bertot, uma estudante de doutorado do Departamento de Línguas Romances da Universidade da Flórida.

"A falta de objetividade e de discriminação política do Dr. Bejel afeta diretamente e invalida as experiências da maior minoria de hispano-americanos no sistema universitário e entre os votantes do estado da Flórida", acrescentou Bertot.

Em uma firme resposta de sua casa em Gainesville, Bejel disse que os estudantes estão estimulados por uma política de direita que quer desprestigiá-lo. Acrescentou que teve que sofrer durante anos a ira dos cubano-americanos ressentidos pelo controle de Cuba por Fidel Castro.

"Esta não é uma simples questão de liberdade acadêmica", disse Bejel.

"Essas pessoas tiveram motivações políticas e pessoais durante anos. Usam o poder dos legisladores, o poder político do Condado de Dade, contra mim. Eles pensam que não sou direitista o suficiente e usam quanta demagogia podem encontrar."

Todo o debate esteve encoberto por princípios de liberdade acadêmica que frequentemente explodiam em acusações e réplicas.

Robert Bryan, Vice-presidente de Assuntos Acadêmicos da Universidade da Flórida, disse durante a reunião que a permanência de Bejel havia sido aprovada por unanimidade em três votações separadas do recinto.

"Garanto a todos os senhores que a liberdade acadêmica desses estudantes não se verá ameaçada", disse Bryan, apontando alternadamente os regentes e os estudantes.

Com participação, mas sem direito a voto, a Chanceler Barbara Newell disse que estava satisfeita com o voto dos colegas de Bejel da Universidade da Flórida a favor de sua permanência.

"Estou satisfeita com o processo que temos na Universidade da Flórida", disse Newell. "Tem as melhores medidas de proteção possíveis. Parece que os direitos, as liberdades e a excelência futura do Departamento de Espanhol foram investigados e estão em mãos seguras para o futuro".

Mas Raúl Masvidal, um negociante de Miami que é o primeiro regente cubano-americano, disse que embora tenha as credenciais necessárias para ensinar, Bejel quer "desacreditar" a liberdade dos estudantes.

"Trata-se de um indivíduo que está tratando de limitar a liberdade acadêmica e a pesquisa de outros", disse Masvidal, que votou a favor da ideia de negar a permanência a Bejel até que suas ações sejam investigadas.

O regente Bill Leonard, um advogado de Fort Lauderdale, também votou contra a permanência de Bejel.

"Adolf Hitler pode vir aqui e ter as credenciais para ensinar – depois de tudo, ele escreveu um livro volumoso", disse Leonard. "Mas, estaria qualificado para ensinar história judaica?"

"Eu estaria de acordo com os direitos de Adolf Hitler de ensinar na Universidade da Flórida (se tivesse as credenciais necessárias)", assentiu Masvidal. "Não é essa a questão aqui. Minha preocupação é que os direitos acadêmicos dos estudantes sejam cerceados."

---

* Todos os artigos reproduzidos foram publicados originalmente em inglês. As traduções foram feitas a partir da tradução para a edição em espanhol deste romance autobiográfico. (N. T.)

✤ *Os Fuzilamentos* ✤

A primeira coisa que recordo com horror pouco depois que a revolução venceu são os fuzilamentos constantes e diários que ocorriam tanto a nível nacional como local, inclusive em Manzanillo. No plano nacional, lembro-me de que eu ia à casa de minha vizinha Rosita Tierranueva para ver na televisão os noticiários da tarde e o centro do boletim das seis era, durante os primeiros meses de 1959, os julgamentos, obviamente orquestrados pelo novo governo, contra os esbirros de Batista. Nem é preciso dizer que tanto minha família como eu éramos todos antibatistianos ferrenhos, mas não estávamos preparados para aquela carnificina. O caso mais famoso foi o de Sosa Blanco, um militar de Batista que havia sido um assassino compulsivo que havia matado muitas pessoas na província de Oriente (Foi em Oriente? Bem, acho que sim). O julgamento parecia um circo televisionado que a cada noite assistíamos com paixão e medo na hora em que se supõe que as crianças de outros países estivessem vendo programas como Vila Sésamo. No julgamento de Sosa Blanco, foram apresentadas provas de todo tipo, algumas críveis e outras bastante duvidosas, mas do que nunca houve dúvidas foi de que aquele júri militar iria considerar Sosa Blanco culpado e iria condená-lo à morte por fuzilamento. Foi exatamente assim. De fato, acusava-se com violência qualquer advogado da defesa que ousasse ser algo efetivo em seu papel contra o fiscal. Enfim, que Sosa Blanco, como tantos outros, fosse considerado culpado e o fuzilassem diante das câmeras de televisão para escarmento de todo o país. Ler descrições de fuzilamentos é algo terrível, ver pela televisão a imagem daqueles condenados pulando como frangos meio mortos até que lhes dessem o tiro de misericórdia é horroroso, presenciar tais eventos ao vivo como o viram alguns habitantes do meu povoado era algo verdadeiramente monstruoso.

O padre Pepe Luis, um sacerdote basco muito gordo que cantava com voz de tenor nas missas e se distinguia por ser muito folgado, até fazia alarde disso, foi escolhido pelo pároco para que fosse dar a extrema-unção aos fuzilados de Manzanillo. O pobre sacerdote logo começou a dar sinais de que uma coisa era fazê-lo trabalhar e outra era obrigá-lo a fazer o mais terrível que se podia pedir a um ser humano. Depois de haver assistido duas ou três vezes aos fuzilamentos, o padre Pepe Luis caiu em uma superdepressão que o levava a não poder falar de outra coisa, a não poder dormir, e até às vezes o vimos chorar como uma criança por razões nem sempre óbvias. Tiveram que mudar seu ofício e dá-lo a outro padre. Não me recordo quem. Mas o que sim sei é que os garotos fiéis ouvimos várias vezes a descrição de como os condenados eram preparados, quase sempre lhes perguntavam se queriam que lhes cobrissem os olhos, lhes perguntavam se queriam dizer algo pela última vez, alguns nesse momento já haviam urinado nas calças ou haviam defecado involuntariamente, e uma vez que atiravam neles não necessariamente morriam imediatamente e o capitão do pelotão tinha que ir lhes dar o tiro de misericórdia na têmpora.

Não tenho que dizer mais nada. Nunca vi nenhum dos fuzilamentos, nem me teria ocorrido, mas ouvi da boca do padre Pepe Luis e de outras pessoas que foram testemunhas presenciais dos detalhes daquela monstruosidade. Tudo isso me causou muito impacto, e talvez minha tomada de posição ao lado da igreja e contra a revolução no ano seguinte tenha tido algo a ver com esses fuzilamentos e outros abusos que começaram muito cedo uma vez que a revolução chegou ao poder.

❧ *Meu Pai* ❧

Na realidade, quando criança, só havia visto meu pai uma vez na casa de suas irmãs em Havana. Como Mamãe sempre havia dado a entender que ele era a pior pessoa do universo, não quis nem cumprimentá-lo e a visita durou uns breves minutos. Mas em 1961, quando comecei os preparativos para sair do país, tinha que encontrá-lo em Havana para pedir-lhe a autorização de saída, pois o pai cubano nunca perdia o antigo direito romano de *patria potestas*. Em outras palavras, embora houvesse sido criado por Mamãe, e ele não tenha tido nada a ver com minha criação, sempre para questões legais o pai mantinha o poder do filho menor de idade. Por mediação de umas irmãs de meu pai, o achamos e fui vê-lo em sua relojoaria (era relojoeiro de profissão) da rua San Rafael.

Então, devido à burocracia cubana, para minha saída de Cuba eu não podia solicitar de Manzanillo meus documentos de saída para o exterior, porque fazê-lo no meu povoado era muito mais complicado. Havia que se mudar para Havana, e uma vez ali tinha que ir ao que em Cuba se chama a Lonja del Comercio (Junta Comercial), que é um edifício administrativo em Havana Velha onde tinha que me apresentar para que me dessem uma série de formulários para dar entrada na papelada. Naquela Lonja del Comercio, nessa época havia tantas pessoas fazendo o mesmo que eu, que passei quatro dias e três noites na fila em torno do edifício, com pausas somente para ir ao banheiro e comer algo. Dormia na própria calçada. Também, claro, tinha que ter uma autorização da Seção de Interesses dos Estados Unidos em Cuba, pois já nessa época, em meados ou fins de 1961, não existia a Embaixada Americana em Cuba devido às relações beligerantes entre os dois países. A verdade é que os preparativos para saída eram um processo árduo e complicado que exigia a maior disciplina e vontade imagináveis.

Mas voltando a meus primeiros encontros com meu pai, devo dizer que se comportou de modo muito amável comigo desde o princípio. Visitei-o mais algumas vezes na relojoaria e depois em sua casa em Miramar, uma casa confiscada pelo governo por ser de uns batistianos que haviam abandonado o país devido à revolução, e que depois, como as demais casas confiscadas, foi entregue a cidadãos que por uma razão ou outra mereciam esse prêmio. Deram essa casa a ele por ser a favor da revolução e ser uma pessoa sem meios econômicos. Ali meu pai vivia com sua esposa Luz María (que eu prefiro chamar Iluminada), que era mais revolucionária que Fidel. Ela sem mais nem menos disparou a me dar um sermão revolucionário sem preâmbulos nem panos quentes: por que ia deixar meu país, que podia dar o melhor de minha vida à revolução que havia chegado para salvar os cubanos da miséria e da dependência dos Estados Unidos, que os Estados Unidos eram uma sociedade cheia de corrupção e que estava caindo aos pedaços, que eu prestasse atenção porque o que eu estava fazendo era uma traição à pátria que me viu nascer etc., etc. Meu pai tentava amenizar aquela ladainha e fazia esforços enormes para desviar a conversa, mas como entre ele e eu não havia história em comum, que conversa podia haver? No fim, para me tirar daquela situação tão desagradável, me levou a um restaurantezinho para tomar uns refrescos e almoçar. Durante o almoço, não sabíamos do que falar. Perguntou-me várias vezes em que hotel eu estava ficando, e eu respondi todas as vezes, com um tom como se sempre dissesse pela primeira vez, que estava no Hotel Royal Palm. Repetiu-me várias vezes que "sua mãe sempre gostava de ficar lá". Também me disse de maneira algo nervosa mas com um tom maroto que podia me dar vários endereços para que eu pusesse como domicílio no formulário de saída, que me daria esses endereços no devido momento, todos de amantes que tinha em diferentes partes da cidade, mas que além disso tinha a casa de Miramar, que era muito boa. Fez-me saber, porém, que ele não era comunista nem nada, e sim mais propriamente um *bon vivant*, que a política não lhe importava. Logo a conversa estava morrendo, mas nenhum dos dois queria que acabasse, como buscando encontrar um ponto, algo que nos desse pé para conversar de maneira mais familiar, mais de pai para filho. Perguntou-me como Mamãe havia recebido minha decisão de sair do país e lhe respondi que ela estava preparando os papéis para ir a Miami tão logo pudesse, pois Nina minha tia estava muito doente e Mamãe não podia deixá-la por enquanto. Então me ocorreu fazer-lhe a pergunta mais básica para quebrar o gelo. Disse-lhe sem mais nem menos: "Conte-me sobre sua vida, sua família, seus pais, por que se divorciou de Mamãe". Ficou pálido, mas aceitou o desafio.

A primeira coisa que me disse foi que sua mãe havia morrido quando ele e seus irmãos e irmãs eram pequenos. Não me lembro o que me disse sobre a causa de sua morte. Então me contou que seu pai, meu avô paterno, havia vindo ilegalmente de Sevilha no fim do século XIX com um amigo, em um navio de guerra espanhol, durante uma das guerras de independência de Cuba contra a Espanha. Meu pai achava que ele havia mudado o sobrenome (disso não estava nada certo) ao chegar a Havana para que não o mandassem de novo para a Espanha, porque ele tinha muito medo de seu pai, um homem muito agressivo que com frequência e por qualquer coisa batia nele com as correias de um cavalo, e que ele, meu avô Emilio, já não podia aguentar mais os abusos de meu bisavô e a pobreza da Espanha.

Então meu pai continuou e me contou a história de como estava apaixonado da primeira vez que se casou, que a primeira esposa se chamava Daisy e era pianista, mas um dia ela, que sempre esperava que ele chegasse do trabalho (nessa época trabalhava na base naval norte-americana de Guantánamo) com um grande balde de água fervendo para que ele se banhasse assim que chegasse, acabou virando o balde sobre si e queimou todo o corpo. Esteve à morte por vários dias com as dores mais terríveis que ninguém pode imaginar. Depois, ele me disse, nunca mais se apaixonou da mesma forma. Havia perdido sua mãe quando criança, seu pai era um homem bruto e mal-educado que não dava atenção a seus filhos, e a ele, meu pai, só havia restado viver bem e seduzir quantas mulheres pudesse. Mas guardava um grande desejo de grandeza, de ser importante, e que agora essa esperança que havia depositado em mim, embora claro de maneira muito vaga pela distância e a falta de contato, se desvanecia porque eu ia embora.

Aquilo me comoveu de alguma maneira, mas só consegui dizer a ele que pensava em ser escritor, e escreveria um romance e poemas e outras coisas. Ele não soube o que dizer diante de minha estranha resposta. Daí passou a me dar sua explicação do divórcio. Disse-me que ele morava em Guantánamo quando eu nasci, e que um dia de fevereiro de 1944 recebeu um telegrama de Mamãe dizendo-lhe que eu havia nascido. Então me disse que ficou contentíssimo e imediatamente foi para o terminal de ônibus para ir a Manzanillo. Quando chegou ao terminal, o ônibus estava quebrado e demoraria várias horas para chegar outro. Esperou e nisso apareceu um colega de farra que lhe disse que o melhor era ir tomar uns tragos para passar o tempo enquanto esperavam o próximo ônibus. Embebedaram-se tanto nessa noite que quando o ônibus chegou estavam dormindo Deus sabe onde e perderam o ônibus. Essa era a explicação, com a coda de que ele e Mamãe estavam mal havia algum tempo e ele vivia com Aracelis, sua amante de Guantánamo havia vários anos, com quem havia tido três filhas. Tão absurda era sua explicação de como e por que não havia ido me ver quando nasci que ri às gargalhadas. Sofri, mas ri e me pareceu que aquele homem, apesar de tudo, era um infeliz que a vida havia levado a ser como era, que seu mundo e sua personalidade nada tinham a ver com os de Mamãe, que bom que nunca tive que viver com ele, mas que seria interessante conhecê-lo melhor. Não tinha "bons" costumes, mas tinha uma sociabilidade e vivacidade dignas de se conhecer.

Decidi não aceitar nenhum dos endereços que meu pai havia me oferecido como domicílio em Havana enquanto fazia os trâmites burocráticos para ir embora do país. Por meio de uns amigos da Juventude Católica, encontrei um prédio de apartamentos no Vedado, ao lado do cinema Rivera, que custava muito pouco. Aluguei um quartinho muito pequeno ao lado de um dos meus amigos, um rapaz altíssimo, mulato claro, que parecia um Adônis de ébano. Chamemo-lo Evaristo. Com ele conversava constantemente sobre tudo, sobre a situação política (ele era muito católico e muito contrarrevolucionário), sobre sua vida e a minha, e, claro, sobre mulheres, quer dizer, ele falava de mulheres, eu ouvia e de vez em quando comentava que eu deixava uma namorada em Manzanillo. Logo Evaristo conseguiu uma namoradinha loira, baixinha mas muito linda, que vinha visitá-lo, e como seu quarto estava separado do meu por um simples tabique de madeira, eu ouvia toda a algazarra sexual até com os mais mínimos gemidos e uivos. Ficava louco, me excitava, e queria desesperadamente ver aquilo ao vivo, mas nunca me atrevi. Contentava-me depois com seus relatos detalhados sobre o que faziam na cama, como ela gritava porque dizia com grande prazer que lhe doía seu membro enorme etc., etc. Mas um domingo decidi ir à missa das seis da manhã em vez de ir à das oito como os demais (minha eterna mania de ir mais cedo que todo mundo a qualquer lugar salvou minha vida).

Quando voltei ao edifício, um dos vizinhos me disse que a polícia havia levado uns contrarrevolucionários desses apartamentos, e pela descrição que me deu, Evaristo estava entre eles. Recolhi o pouco que tinha e me mudei para a casa de uma prima que vivia muito longe dessa região de Havana.

Alguns meses depois, em março de 1962, recebi a autorização para sair do país e não vi nem me comuniquei mais com meu pai durante dezesseis anos, até 1978, ao regressar a Cuba em visita, quando houve o diálogo entre o governo cubano e alguns cubano-americanos que queríamos melhorar as relações entre as duas comunidades e entre os dois países. Já nessa época, nos Estados Unidos era a época do governo Jimmy Carter.

Meu Pai (Emilio Bejel), Havana, *c.* 1979

❧ Meus Primeiros Estudos nos Estados Unidos ❧

Minhas relações com a Igreja católica cubana, além de me proporcionar ajuda espiritual e emocional, renderam certos benefícios práticos uma vez que cheguei aos Estados Unidos, pois o Colegio Belén, dos jesuítas cubanos, me deu uma bolsa para que terminasse o colegial com eles. Isso foi durante o ano acadêmico de 1962 a 1963. Como haviam me expulsado do Instituto de Manzanillo antes de terminar o ensino médio, ainda me faltava um ano para receber o diploma. No Belén de Miami, não só me deram a oportunidade de terminar o último ano do colegial, mas também me davam almoço grátis todos os dias escolares. A bolsa do Belén não só resolvia minhas necessidades acadêmicas e alimentícias, mas também as emocionais, pois como era um colégio católico quase todo de cubanos (90% dos estudantes eram cubanos exilados e a maioria dos professores eram jesuítas também cubanos), sentia-me muito mais à vontade, no meu mundo, e o impacto cultural foi verdadeiramente tolerável. Embora isso tenha retardado que aprendesse inglês bem, ajudou-me a aguentar as vicissitudes dos primeiros anos de exílio. Claro que tinha que enfrentar a continuação da moral católica com tudo o que isso implica para uma pessoa que está descobrindo sua homossexualidade, mas de qualquer forma o balanço foi muitíssimo positivo.

Durante esse ano acadêmico, minhas necessidades econômicas eram de tal magnitude que quase sempre tinha que pedir carona para ir à escola, porque até o ônibus era bastante proibitivo para minhas condições. Saía cedíssimo de casa e à base de caronas quase sempre chegava a tempo à escola. Lá aprendi muito, não só disciplinas obrigatórias de química e matemática, mas também meus assuntos favoritos como literatura, filosofia e até treinávamos em polêmica e debate. Também tive a oportunidade de fazer consultas totalmente grátis com o padre Arbezú, que era um psiquiatra jesuíta magnífico que me ajudou a superar as angústias de minha sexualidade proibida e o choque emocional de viver sem família, sem dinheiro e todas essas outras desgraças do exílio dessa época.

Os sacerdotes do Belén, como bons jesuítas, também faziam com certa regularidade o que se chama retiros espirituais inacianos, onde se supunha que não se podia falar, mas tão só rezar, meditar e ouvir algumas conferências religiosas dos sacerdotes. Em um desses retiros, ocorreu-me algo especial, creio, porque de tanto silêncio e tanta meditação, pude enfrentar-me claramente, pelo menos em minha cabeça, com a realização da minha homossexualidade. No retiro, além disso, os garotos tomávamos banho juntos, e isso era para mim anátema. Tinha medo de me encontrar em tal situação porque podia ter uma ereção diante dos demais garotos, os quais não só me culpariam pelo pior, mas também se supunha que aquilo era uma reunião para tornar-se, cada vez mais, bons e santos. A situação foi realmente difícil, e me esquivei de todas as formas para não coincidir com ninguém na hora do banho. Nesses dias, pensei muito, muitíssimo, tanto que decidi que tinha que continuar pensando no assunto e ter consciência total daquilo de que por tanto tempo suspeitava. Foi uma espécie de saída do armário inicial, pelo menos internamente. Mas haveria outras mais, porque como tantas outras pessoas em situações semelhantes, entrei e saí do armário múltiplas vezes.

Uma vez terminado o retiro, tomei o ônibus que me levava a minha casa, e enquanto olhava pela janela me propus a me fazer uma prova: olharia pela janela para todo homem e toda mulher que meus olhos alcançassem e decidiria em minha mente com toda a honestidade se me sentia atraído por essa pessoa ou não. No final da viagem, havia concluído que vários homens me haviam atraído e nem uma só mulher. A prova foi fidedigna e totalizadora, agora restava como resolver o assunto de que a sociedade não me cuspisse ao inteirar-se daquela horrível verdade de meus desejos escondidos. Mas em meio a toda aquela luta interna, devia fazer o que até aquele momento fazia melhor: estudar e me superar nesse campo, e dessa maneira me proteger algo do ataque da sociedade. No Belén, tinha um exemplo muito evidente das consequências de que descobrissem que alguém era homossexual, pois havia um casal de garotos que estavam obviamente apaixonados e andavam sempre juntos como duas rolas no cio, ou seja: sempre estavam juntos, se falavam com grande ternura e não podiam se separar nem um momento. Isso que para um garoto heterossexual com sua namorada era uma honra, pois implicava que já estava tendo seus namoricos com sua namoradinha, entre dois homens era radicalmente censurado. A relação foi severamente rejeitada, a tal extremo que tanto os demais garotos como os padres faziam a vida deles impossível. Aprendi aquela lição e decidi que havia que continuar no armário e me conformar com a masturbação absoluta. O negócio era a masturbação, e quando parecia que aquilo não era suficiente, havia pois que continuar se masturbando.

Para poder frequentar a escola, tinha que trabalhar todos os fins de semana e todos os feriados, e entre esses trabalhos me lembro que fui ajudante em um hotel de Miami Beach, mensageiro da Western Union e empacotador e caixa em um supermercado. Todos esses trabalhos eram em Miami Beach porque nessa época eu vivia lá. O pior dos três trabalhos foi o de ajudante no Sovereign Hotel porque na realidade não sabia fazer quase nada nem dominava suficientemente o inglês para compreender e me comunicar com os clientes e com os próprios gerentes. Era meu primeiro trabalho depois das plantações de tomate e estava, como se diz, cru em questões trabalhistas e linguísticas. Mal podia entender o que me ordenavam, e passava por muitos apertos porque queria aparentar que sabia o que me diziam mas não era bem assim. Quando me mandavam arrumar camas... bem, aquilo era um verdadeiro desastre e tinha que vir outro dos ajudantes refazer o que se supunha que eu havia feito. O pior foi quando me colocaram como ascensorista, pois no Sovereign Hotel nessa época só havia elevadores semiautomáticos que o ascensorista devia operar por meio de uma alavanca e pôr no nível do andar correspondente. Creio que foram muito poucas as vezes que pude nivelar o elevador com a entrada do andar. Sempre ficava ou muito alto ou muito baixo, e como era um hotel repleto de pessoas idosas, o resultado é que os pobres viajantes tropeçavam ao sair porque o elevador havia ficado mais baixo que o andar, ou tinham que pular porque o elevador havia ficado alto demais. A alternativa para aqueles pobres velhos era: ou pular ou escalar. Não demorou muito tempo para que ficassem furiosos e fossem reclamar com o gerente, que, já cansado dos meus erros, me despediu sem me dizer nada mais do que "aqui está o seu cheque, não volte mais". Algumas semanas depois desse incidente vexatório, estive em uma festa à fantasia nesse mesmo hotel. Um amigo meu que estava em um colégio católico de Miami Beach havia se tornado amigo das filhas do ex-presidente de Cuba Carlos Prío Socarrás, que vivia perto dali havia algum tempo, e havia me pedido que levasse Evita, a filha mais velha de Prío, ao baile do Sovereign Hotel. Como a festa era à fantasia, assegurei-me de que minha máscara fosse muito encobridora e de que em nenhum momento me ocorresse falar com nenhum dos empregados do hotel porque reconheceriam minha voz. Qual teria sido a surpresa de meu chefe nesse hotel se houvesse descoberto que o moço idiota que acabara de despedir por ser incapacitado para as tarefas mais elementares era um dos convidados de uma festa de ricos ali mesmo e vinha acompanhado nada menos do que pela filha mais velha do ex-presidente de Cuba! Possivelmente teria desmaiado. Alegro-me de que ninguém do hotel tenha se inteirado de minha identidade naquele momento.

No meu trabalho de mensageiro da Western Union, também tive meus contratempos. Por exemplo, ia de bicicleta com os telegramas e se começasse a chover – o que ocorria muito frequentemente – me escondia em algum lugar coberto até que a chuva passasse. Logo me dei conta de que isso não era o que se devia fazer, porque, como chovia com tanta frequência, atrasava a entrega dos telegramas, e se supunha que eu continuasse no meio da chuva com uma capa impermeável. Depois ocorreu algo mais sério. Eu não sabia o que queria dizer c.o.d. (telegramas que os destinatários tinham que pagar antes que lhes fossem entregues), e portanto levava os telegramas à pessoa indicada e não cobrava dela. Meu superior na Western Union pensou que eu estava roubando o dinheiro e me interrogou por um bom tempo. Creio que se convenceu de que se tratava de um ignorante meio destrambelhado e não de um ladrão, e então me perguntou: "E o que você quer fazer da sua vida?"; eu lhe respondi: "Eu quero ser um Ph.D.". Meu chefe me olhou com certa compaixão como se pensasse: "O coitado não sabe o que é c.o.d. e quer ser Ph.D.".

Claro, o pior de tudo foi quando eu mesmo recebi o telegrama com a notícia de que Mamãe estava muito doente e tive que ir à casa de meus parentes em Miami onde me deram a notícia de sua morte. Alguns dias depois desse incidente, quase no final do dia, meu chefe me disse com voz baixa e até terna: "Talvez você deva procurar outro trabalho". Eu não tinha muita experiência no mundo americano, mas tinha ficado mais claro que a água que estava me despedindo, com suavidade mas com firmeza. Poucos dias depois, havia encontrado emprego de empacotador a duas quadras da Western Union em um supermercado de judeus chamado Trifty Supermarket. Ali na verdade tudo me saiu bem. Logo os donos e gerentes me reconheciam e me elogiavam pelo meu trabalho, e não demorei muito para ser promovido a caixa. Fiquei amigo de dois dos gerentes do estabelecimento, cheguei a aprender com eles várias frases em iídiche e até fui em várias ocasiões a um teatrinho iídiche do bairro.

Tudo isso foi enquanto cursava o primeiro ano universitário. Havia me formado no Belén em maio de 1963, e alguns dias depois comecei a frequentar a faculdade no Miami-Dade Junior College. Não quis esperar o semestre de outono porque queria fazer meus estudos no mínimo de tempo possível para recuperar os dois anos perdidos desde a expulsão do Instituto de Manzanillo. Nesse verão, tive aulas de inglês e de sociologia. Lembro-me de que nesse mesmo verão, enquanto assistia a uma aula de sociologia, alguém disse muito empolgado que os Beatles haviam chegado a Miami. Recordo que o professor, muito bom evidentemente, apresentou toda uma teoria sociológica do evento dos Beatles, mas hoje considero que nem aquele brilhante sociólogo foi capaz de imaginar o tremendo impacto duradouro exercido por aqueles músicos ingleses no mundo inteiro. Creio que foi a primeira vez que a música cubana não era para mim a única música existente. Tratava de ouvir as canções dos Beatles, de ver na televisão da universidade quantos programas os apresentassem, em outras palavras, entrei com tudo no que se chamou Beatlemania. Talvez esse tenha sido um momento-chave no que se poderia chamar a americanização de Emilio.

Emilio Bejel, Miami, 1967

Prof gets tenure, but regents appear hesitant

Gainesville Sun, 26 de maio de 1984

Professor obtém permanência, mas os regentes parecem indecisos

Por Larry Keen

TALLAHASSEE. Emilio Bejel, o professor cubano-americano acossado, obteve a permanência sexta-feira do Conselho de Regentes do estado depois de sobreviver a duras penas às acusações de ser um esquerdista que nega liberdade acadêmica aos estudantes com opiniões políticas diferentes.

Com uma voz rápida e mal audível, os regentes votaram 6 a 3, 5 a 4 ou 5 a 3, com uma abstenção, contra uma moção que propunha eliminar o nome de Bejel de uma lista de mais de cem professores da Universidade da Flórida que tinham pendente a obtenção da permanência.

O Conselho então votou 7 a 1 com uma abstenção a favor de conceder permanência a todos os membros da faculdade da Universidade da Flórida, incluindo Bejel. A decisão converteu-se em uma áspera discussão política que dominou os dois dias de reunião dos regentes com hostis acusações e contra-acusações.

"O objetivo dos estudantes parece ser estabelecer o fato de que (Bejel) nega a eles liberdade de expressão", disse o regente Duby Ausley, "mas no fundo se trata de que eles estão em desacordo com sua filosofia política."

Ausley e a maioria dos regentes foram persuadidos pelo

diretor da Universidade da Flórida, Robert Marston, e pelo vice-diretor de assuntos acadêmicos, Robert Bryan, de que Bejel está plenamente qualificado para a permanência.

Marston e Bryan foram mais longe para convencer os regentes ao assegurar-lhes pessoalmente que Bejel não intimidaria, ou de forma alguma negaria liberdade acadêmica aos seis estudantes, todos cubano-americanos, que frequentam a Universidade da Flórida.

Mas os estudantes encontraram o apoio do regente Raúl Masvidal, um banqueiro de Miami que é também cubano-americano, e que esteve decididamente contra Bejel em todas as votações dos regentes.

Frank Graham, o estudante regente da Universidade da Flórida A&M, apresentou a moção de eliminar o nome de Bejel da lista para a permanência. A moção foi apoiada por Terrell Sessums, antigo vocal da Câmara dos Deputados Estaduais, que é advogado de Tampa.

"Sinto uma profunda antipatia e antagonismo por qualquer um que limite ou impeça o direito de um estudante ou professor para que haja uma discussão completa", disse Sessums. "Não tenho nenhum compromisso de oferecer permanência e fundos públicos a ninguém que limite os princípios de liberdade acadêmica e liberdade de expressão."

Os regentes estavam diante das acusações dos estudantes da Universidade da Flórida de que Bejel é um esquerdista que viaja frequentemente a Cuba. Quando regressa aos Estados Unidos, dizem os estudantes, Bejel os intimida para que não leiam a literatura escrita por autores cubanos exilados.

"Bejel tem o direito inalienável de ter qualquer ponto de vista político, e sem dúvida tem o direito de ir a Cuba e associar-se aos altos oficiais do governo", disse Manuel Ponce, antigo estudante da Universidade da Flórida e porta-voz dos demais estudantes cubano-americanos. "Mas ele propõe uma ideologia política em um curso de literatura. Todos os escritores que usa são separatistas; são escritores esquerdistas."

Bejel respondeu por telefone na sexta-feira que os principais agitadores entre os estudantes "têm frustrações pessoais e não podem arrumar suas vidas".

"Suas antipatias pessoais misturaram-se com suas posições políticas", acrescentou Bejel, explicando que ele viaja a Cuba para visitar seu pai e outros membros de sua família.

O forte apoio a favor de Bejel veio da Chanceler Barbara Newell, que não pode votar, mas usou o poder persuasivo de sua posição para dizer que são os colegas do professor e não os regentes que estão melhor preparados para decidir quem obtém permanência.

Bejel foi aprovado unanimemente para permanência em três votações separadas da Universidade da Flórida, disse Newell, e os regentes não devem mudar essa decisão tomada no recinto.

"Não estamos em posição de julgar os méritos de um indivíduo para conceder-lhe permanência", disse Newell.

Marston foi mais longe que Newell, ao dizer que o direito de Bejel de ter suas ideias políticas é inerente à noção de liberdade acadêmica. Negar a permanência a Bejel, disse Marston, ameaçaria a tradição de liberdade acadêmica.

❦ *Na Universidade de Miami* ❦

Foi no verão de 1964 que tive a primeira vitória nos Estados Unidos. Depois de meu trabalho bem-sucedido no supermercado de Miami Beach e de meus estudos por um ano acadêmico e um verão no Miami-Dade Junior College, consegui entrar na Universidade de Miami, situada em Coral Gables. Também consegui um posto de assistente na magnífica e então nova biblioteca dessa universidade. Além disso, decidi morar nos alojamentos universitários. Agora sim estava bem: estudo, trabalho e moradia no mesmo lugar, e que lugar! Chegou um momento em que recordo não haver saído durante todo o semestre do campus, e para que ia sair se tinha tudo ali? Acabavam de construir um lindo centro de estudantes com boliche, mesas de pingue-pongue, piscina... Eu me achava rico. Além disso, descobri algo maravilhoso chamado tinturaria, onde por um preço módico passavam minha roupa, depois que a lavavam em umas máquinas do edifício da residência estudantil. Desde então até hoje em dia, me recusei a passar roupa. A modernização havia chegado e me atinha a ela com entusiasmo. Desfrutei daquela vida plenamente.

Estudei e tirei melhores notas que nunca. Estava no que eu queria. Já me defendia muito melhor com o inglês. Pela primeira vez tive aulas de humanidades em umas salas que tinham telas nas quais, se o assunto era Grécia, apareciam imagens coloridas do Parthenon projetadas de maneira grandiosa, se a aula tratava do Renascimento italiano, podíamos ver na tela reproduções coloridas de obras de Michelangelo e Leonardo Da Vinci etc. Também aprendi psicologia e filosofia, biologia (sobretudo a genética me agradou muito). Tive alguns problemas em estatística, mas fui adiante. Só suspendi o laboratório de biologia porque não podia dissecar uma rã morta, nem muito menos fazer um machucadinho no dedo para tirar sangue, que era o primeiro exercício a realizar naquele horripilante e malcheiroso laboratório. Tive que ir ao psicólogo da universidade para que me assinasse um papel dizendo que, de fato, tinha fobia de ver sangue ou de participar de qualquer forma na dissecação de qualquer animal, mesmo que estivesse morto. Fui aprovado no curso graças ao fato de que tirei boas notas na parte teórica.

Ali também comecei a mudar minhas ideias sobre a religião e a filosofia do mundo e da vida, não sei se somente pelos filósofos que estudava ou influenciado por outros fatores, mas o certo é que tomei consciência de minha evolução religioso-filosófica nesse momento. Tornei-me cada vez menos religioso e quase ateu, ou talvez sem o quase. Lembro-me de ter estudado com paixão Kierkegaard e Schopenhauer, o Sartre de *O Ser e o Nada* e, claro, o Unamuno de *O Sentimento Trágico da Vida*. Recordo toda uma etapa em que me concentrei no estudo dos idealistas alemães e, evidentemente, de Hegel. Não creio haver estudado Marx com muito afinco nessa época. Nos últimos anos universitários, mais que o marxismo, me chamou a atenção certo existencialismo combinado (que combinação!) com o hegelianismo. Decidi fazer uma especialização em psicologia e uma especialização secundária em filosofia, mas não demorei muito para mudar para a literatura hispânica, pois me dei conta de que a preferia e sempre havia gostado com paixão de literatura. Além disso, compreendi que devia inverter a situação: ou seja, se nas demais disciplinas tinha a desvantagem do idioma, em literatura hispânica convertia minha condição de hispânico nos Estados Unidos em uma vantagem. Uma vez tomada essa decisão, me senti à vontade, melhorei ainda mais minhas notas, as quais tinha que manter muito altas, já que estudava graças às bolsas oferecidas pela universidade e o chamado Empréstimo Cubano que o governo dos Estados Unidos nos facilitava, e em ambos os casos precisava de altas qualificações para conservá-los. Em literatura espanhola e hispano-americana, tive aulas com José Agustín Balseiro, Kessel Schwartz e outros. Com eles repassei várias obras da literatura de língua hispânica que já conhecia e estudei muitas outras que nunca havia lido antes. Dos autores cubanos, voltei a ler com uma nova visão José Martí, Julián del Casal e Gertrudis Gómez de Avellaneda; dos demais hispano-americanos, recordo haver estudado muito Rubén Darío e Domingo Faustino Sarmiento.

Porém na Universidade de Miami, nem tudo foi estudo, literatura e filosofia, mas, além disso, ali comecei a praticar minha homossexualidade, embora também tenha arrumado uma namorada cubana. Coitada! Eu era o ser mais frio do mundo com ela. Íamos aos bailes e eu esfregava o meu duro muito nela e ela encantada da vida; mas não ia além disso. Eu nem gostava de beijá-la. Creio que ela adquiriu um complexo devido à minha inapetência sexual. O que me interessava de verdade estava acontecendo nos alojamentos da universidade.

Na realidade, nos alojamentos da Universidade de Miami começou (comecei?) uma espécie de carnaval. Aí conheci vários alunos que eram quase abertamente gays; diziam o que faziam com outros garotos, e aquilo para mim foi uma verdadeira descoberta, algo extraordinariamente fascinante. Logo que me mudei para a universidade, vivia em um dormitório de um edifício alto com vários apartamentos, onde havia um banheiro comum para dois quartos, e em cada um deles se alojavam dois estudantes homens. Coube-me viver com um nicaraguense muito lindo, escurinho, *sexy* e bastante descarado, que me falava de sua namorada, mas ao mesmo tempo me contava como ele e seus dois primos, instalados no quarto que comunicava com o nosso, tinham relações sexuais. Ainda por cima, os primos de meu companheiro de quarto eram, na realidade, irmãos, e o mais velho possuía o mais jovem, que também era possuído intermitentemente por seu primo, meu companheiro de quarto. Os gritinhos e ais no quarto ao lado desses três nicaraguenses libidinosos e incestuosos eram delirantes, me causavam uma excitação descomunal, mas nunca participei de tal atividade, embora os três tenham insistido comigo várias vezes para que entrasse no joguinho. A verdade é que eu não estava pronto para começar essas atividades de uma maneira tão atrevida. Se tivesse tido essa oportunidade depois de tudo o que aprendi...

O segundo caso de homossexualidade na Universidade de Miami eu conheci imediatamente depois que os nicaraguenses se mudaram para fora do campus. Ocupou o quarto ao lado do meu um cubaninho atrevidíssimo e abertamente gay, que trazia seu primo (outra vez a relação entre primos? Como se diz em espanhol, os primos se espremem)*. O cubaninho não tinha companheiro de quarto e trazia seu primo loirinho à noite para dormir com ele, e se ouviam as risadas e os gemidos do meu quarto. Outra vez eu me sentia como "um gato no teto de zinco quente". Um dia, o cubaninho, bastante afeminado evidentemente, me disse que sabia que eu era gay, mas tinha medo de assumir. Não soube o que responder a ele, e não refutei sua conclusão. Então, diante de minha aceitação implícita de tal revelação, ele se valenteou e me deu umas revistas de pornografia gay (as primeiras que olhava em minha vida), com homens fazendo sexo entre si. Olhei-as na frente dele como se não me alterasse, mas depois fui para o meu quarto me masturbar compulsivamente com as imagens que havia visto. Com tudo aquilo, tive o suficiente para me masturbar por muito tempo, mas ainda resistia a me soltar totalmente. Isso ocorreu depois, quando mudei para outro alojamento da Universidade de Miami e me encontrei com Lauren, minha primeira paixão homossexual.

O que ocorreu foi o seguinte. Em um momento determinado, mudei-me para um alojamento onde havia sete estudantes em cada aparta-

---

* O ditado explora a semelhança de sons em espanhol entre "primos" e "exprimen" (do verbo *exprimir*, que significa tanto espremer quanto explorar e expressar). (N. T.)

mento. Como não tinha família, eu ficava ali mesmo durante as férias, quando não havia mais ninguém. E ocorreu que eu não sabia nem podia decidir quem ia ser meu companheiro de quarto, já que a universidade fazia essa escolha. Quando estava para começar meu primeiro semestre no novo lugar, um dia descobri que meu companheiro de quarto havia trazido sua roupa e suas coisas enquanto eu estava trabalhando na biblioteca. Antes de nos conhecermos, ele havia saído para jantar e me pus a investigar ou imaginar como era com base em olhar suas roupas. Era alto, disso não havia dúvidas. Jogava tênis, pois tinha raquete por vários lugares do quarto. Finalmente chegou, e fiquei pasmo de quão atraente ele era: alto, atlético, lindo de rosto, movimentos muito masculinos, mas afetados... Era um verdadeiro Adônis americano. Conversamos e me pareceu tonto e mau aluno, mas isso me atraiu ainda mais. A inteligência não era o que me interessava nessa pessoa. Em matéria de atração sexual, para mim a inteligência é um defeito, não uma qualidade, ou assim pensava (sentia?) nessa época de minha vida. Ficamos amigos inseparáveis desde esse momento. Era como se eu tivesse mudado de meu gosto pelos mulatos para uma atração enorme por um cara tipicamente americano: alto, loiro, tosco. Ah, como o desejo está sempre misturado com símbolos sociais e raciais! Minha americanização tornava-se mais pronunciada, e dessa vez nada menos do que por vias... bem, da sexualidade. Depressa, muito depressa Lauren me insinuou que gostava de ter relações sexuais com outros homens e que as mulheres não o atraíam nem um pouco. Nem é preciso dizer o quão mais atraente aquele Adônis se tornou para mim com esses comentários. Disse-me que não tinha nenhuma relação com seu pai, o qual havia se divorciado de sua mãe quando ele era muito pequeno, e sua mãe tinha problemas mentais que lhe haviam impedido de se ocupar muito dele, por isso havia vivido a maior parte de sua vida como interno em escolas particulares do nordeste dos Estados Unidos, sobretudo em Rhode Island, de onde era originário. Confessou que era mau aluno e estava ali porque tinha uma bolsa como jogador de tênis. Eu sempre tinha gostado de tênis e desde criança havia jogado muitas vezes em Manzanillo, mas agora era o maior fã de tênis do globo terrestre. Quis praticar com ele, mas era tão superior a mim que não quis jogar mais comigo porque dizia que lhe fazia perder suas habilidades esportivas, já que jogar com um mau adversário faz perder os reflexos.

Embora o tênis não tenha funcionado, o sexo, sim. Foi ele que começou a brincar de mão-boba comigo, tocando-me e dizendo-me coisas. Um domingo, no meio das férias, quando somente ele e eu estávamos naquele lugar, acrescentou o joguinho sexual. Era óbvio que tinha decidido que naquele dia ou eu assumia e começava a fazer sexo com ele, ou iria para outro apartamento em busca de alguém mais esperto. Lembro-me de que me dei conta da situação e aceitei o desafio. Começamos, como crianças de jardim de infância, a nos perseguir pelo corredor (estávamos de ceroulas), nos abraçávamos, nos soltávamos, mas notamos que os dois estávamos com uma ereção absoluta. Em um desses momentos de peleja, ele me perseguiu pelo corredor e me segurou forte e baixou minhas ceroulas. Uma vez que sua língua estava no meu sexo, não demorei em morrer de prazer e gozar em sua boca, o que pareceu que longe de lhe causar nojo, lhe dava um grande prazer e se notava que não era a primeira vez que fazia isso, e que talvez aquela fosse uma especialidade sua, ainda superior às suas habilidades esportivas no tênis.

Desde esse momento, fomos amantes ou algo assim, embora isso nunca tenha sido verbalizado nem houvesse ternuras de beijos ou algo semelhante. Púnhamos as duas caminhas juntas à noite, uma vez que fechávamos a porta do quarto com chave. Os demais rapazes do apartamento se deram conta imediatamente e batiam na porta fazendo gracejos tais como: "separem as camas, veados", "deixem de fazer essas porcarias, suas bichas". Mas tudo isso era de brincadeira, e como não ia ser assim, se havia outros casais no nosso apartamento e no da frente? Para encurtar a história, dos catorze rapazes que dividiam nosso apartamento e o da frente, havia três casais gays: Lauren e eu; Bobby, o porto-riquenho, e um rapaz peruano loiro muito lindo e abertamente gay; e Dick e Thomas, que até tomavam banho juntos com a porta aberta para que todo mundo entrasse e olhasse o que estavam fazendo. Toda essa etapa de Lauren e minha vida na Universidade de Miami foi não só de revelação sexual para mim, mas também de uma americanização intensa e acelerada. Não somente me vi forçado a falar inglês a maior parte do tempo (em meu trabalho e nos alojamentos), mas também aprendi a gostar de costumes, música e programas de televisão típicos da vida americana. Recordo a mudança que experimentei com a música de Bob Dylan, pois a princípio quando Ken (um rapaz muito comprometido socialmente e um dos que não era gay naquele dormitório) punha seus discos, me parecia algo detestável, mas já no final desse ano acadêmico, eu adorava ouvir esse estranho cantor, ao extremo de que sentia necessidade de escutá-lo com frequência.

Mas apesar de todas as mudanças e de todo o bacanal dessa etapa, eu tentava manter as aparências quando saía do apartamento. De fato, vivia aterrorizado com a ideia de que descobrissem o que eu estava fazendo sexualmente. Temia sobretudo meus amigos de Manzanillo que estudavam na universidade e às vezes apareciam no apartamento. Mantive as tediosas relações com a garota cubana, e continuava aparentando que não havia mudado, mas a verdade é que aqueles foram os anos da minha primeira saída do armário, pelo menos para mim, no sentido sexual, embora não no social. Quanto duram esses medos e tabus!

Além das mudanças sexuais, sociais e religioso-filosóficas, também notei mudanças em minha posição política. Teriam relação todas essas mudanças? Ocorre que nessa época vinham à Universidade de Miami todo tipo de grandes figuras intelectuais, músicos, cientistas e, claro, políticos. Foi então que vi de perto e até dei a mão a Richard Nixon, que andava em uma de suas muitas campanhas fracassadas. Um dia se anunciou que chegava à universidade para fazer um discurso o ex-vice-presidente dos Estados Unidos nos tempos de Eisenhower. Não havia quase ninguém no evento, realizado ao ar livre no centro estudantil. Recordo que Nixon me pareceu extremamente pequeno e adoentado, magro e quase dobrado. Ainda por cima, entrou no recinto com duas garotas muito bonitas, uma de cada lado, e talvez por isso parecia mais feio e pouco atraente. Não pude imaginar nesse momento quantas coisas aconteceriam com aquele ser tão estranho, e que algum dia poderia escrever isto sobre ele muito tempo depois de sua morte. Alguns anos depois de tê-lo visto pessoalmente, Nixon ganhou as eleições presidenciais. Já nessa época eu estava na pós-graduação na Universidade do Estado da Flórida em Tallahassee. Havia ocorrido a morte de Kennedy, de Martin Luther King e de Robert Kennedy; Johnson havia renunciado a candidatar-se de novo devido à guerra do Vietnã etc., etc. Foi precisamente no mesmo dia da visita de Nixon à Universidade de Miami que tomei consciência de algo sobre mim mesmo que me surpreendeu. Em meu trabalho de assistente de bibliotecário, havia ficado amigo de meu chefe, um americano estranhíssimo que falava muito baixinho e tinha ideias socialistas. Seu nome era Mr. Langer. Pois bem, quando voltei depois de ouvir Nixon, fui trabalhar na biblioteca e ali conversei com Mr. Langer sobre minhas opiniões quanto às ideias de Nixon e dos republicanos. Mr. Langer, que nunca falava demais, me disse: "você percebeu que não pensa como a maioria de seus compatriotas cubanos deste lugar?". Pedi que me explicasse, e ele me disse muito claramente que em minhas conversas com ele me expressava de uma maneira que se poderia qualificar como politicamente de esquerda. Não falamos mais no assunto. Creio que esse era meu último ano (1967) na Universidade de Miami, de onde passei para a pós-graduação da Universidade do Estado da Flórida em Tallahassee; ali minhas inclinações políticas, sexuais e filosóficas alcançaram proporções muito maiores.

❦ *Tallahassee* ❦

Quando em meio ao último semestre de *college* na Universidade de Miami recebi a notícia de que haviam me dado uma bolsa para fazer o mestrado na Universidade do Estado da Flórida, me senti um rei. Recordo com nitidez os primeiros dias em Tallahassee. As aulas ainda não haviam começado, mas eu, como de costume, cheguei muitos dias antes para me preparar para o curso e me adaptar ao lugar. Percorri o campus como um grande terra-tenente percorre seus latifúndios. Achava-me professor universitário, embora fosse somente um *graduate teaching assistant* (um estudante de pós-graduação que ensina espanhol básico para pagar sua bolsa), mas a realidade não importava, e sim que haviam passado apenas cinco anos desde minha chegada aos Estados Unidos na maior penúria, sem saber inglês e sem o diploma de colégio, e agora havia terminado o ensino médio, a graduação na faculdade e estava iniciando meu mestrado, e logo começaria a dar aulas de espanhol para estudantes universitários. Isso era o centro de minha atenção. Creio que nesse ano estudei mais do que nunca para me destacar com meus professores e colegas de estudo, e me saí bem porque tirei nota máxima em tudo.

Quanto aos autores que mais me interessaram nesse primeiro ano de pós-graduação, devo dizer que nenhum alcançou o lugar de Jorge Luis Borges. Era uma descoberta tão enorme para mim que desde aquele momento até hoje não deixei de lê-lo, de estudá-lo, e quando cheguei a ser professor, de ensiná-lo com fruição. Além disso, no mesmo ano que comecei a pós-graduação, foi publicado nada menos que *Cem Anos de Solidão*, de Gabriel García Márquez, e, como era de se esperar, li imediatamente aquele fabuloso romance que desde sua publicação causou sensação mundial. Claro, também estudei muitos outros autores, entre os quais estavam os espanhóis, incluindo García Lorca e os dramaturgos do pós-guerra civil, especialmente Buero Vallejo, sobre o qual escrevi minha tese de doutorado. Estudei obras marxistas que me influenciaram, entre elas *Crítica da Razão Dialética*, de Sartre, e as teorias de Bertolt Brecht. Foi uma época em que estudei muitíssimo, aprendi muitíssimo. Até as minhas atividades sexuais diminuíram por um tempo. Meus colegas de quarto foram todos muito heterossexuais, e me adaptei a seus costumes e conversas. Era como se tivesse voltado a entrar no armário depois dos bacanais de Miami. Durante esse primeiro ano acadêmico de 1967 a 1968, não tive nenhum tipo de atividade sexual. Mas essa situação não durou muito.

Alguns meses depois de minha chegada a Tallahassee, consegui uma bolsa para passar um verão, o de 1968, estudando na Universidade de Valência, no sudeste da costa espanhola do Mediterrâneo. Nessa ocasião, viajei por várias partes da Espanha: Madri, Barcelona, Benidorm, Málaga, Salamanca, Sevilha, Granada. Estas duas últimas cidades andaluzas eram o berço de meus dois avós: o paterno, de Sevilha, e o materno, de Granada. Em Valência, onde passei três meses, ia à praia e tratava de olhar os homens com a intenção de seduzi-los, embora sem sucesso devido à minha falta de experiência e ao temor de ser descoberto. Ali também me *enfatué* (*spanglish* para *infatuate*, algo assim como apaixonar-se ou meio encantar-se) com um garoto, colega de quarto, mas não aconteceu nada porque era super-heterossexual. Surpreendentemente, minha atividade sexual nesse verão foi com duas irmãs *chicanas** vindas da Califórnia para participar do mesmo programa de estudos da Universidade de Valência. Uma delas se interessou por mim e eu me deixei envolver. A outra irmã também estava interessada em mim, e, como se não fosse nada do outro mundo, tive meus encontros sexuais com ela também. Estivemos juntos os três durante quase todo o verão de 1968, e meu comportamento sexual com elas foi mais exatamente por vaidade, pois me excitava que ambas estivessem tão interessadas em mim. Bem, talvez a sexualidade e a vaidade estejam sempre muito unidas, não é? Mas sempre eram elas, sobretudo a mais jovem, que começavam o joguinho. Eu ia para a cama com uma delas, nunca com as duas ao mesmo tempo, pois diziam que "lhes dava uma coisa" ver-se nuas fazendo sexo, e eu, todo cavalheiro, respeitei tal recato. Com elas também comecei a me interessar e a prestar atenção nos assuntos *chicanos*, algo que aumentou consideravelmente depois que mudei para o Colorado em 1991. É óbvio, por esse e por outros exemplos, que as ideias também entram pelos orifícios e protuberâncias do corpo.

Quando regressei a Tallahassee, fiquei amigo de dois cubanos muito simpáticos dos quais cheguei a ser inseparável. Ia ao alojamento deles, comia da comida que preparavam, que em todos os sentidos era gloriosa, porque tinha sabor cubano, tomava café cubano no quarto deles, era assim. Foi nesse outono de 1968 que fiquei noivo de uma garota americana que fazia mestrado em espanhol lá mesmo. Chamava-se Joan. Era realmente uma boba, mas gostava de tudo o que era hispânico: o idioma, a literatura, os costumes, os homens. Surgi em sua mente como o objeto de seu desejo mais intenso, seu fetiche *cubiche*** (outra vez o sexo e a raça misturados, que horror!). Deixei-me envolver, mas na realidade nunca gostei. Praticamente se mudou para o meu apartamento, nos víamos todas as noites, mas a duras penas o "macho cubano" podia fazer

---

* Cidadã norte-americana de origem mexicana. (N. T.)
** Forma coloquial para cubano. (N. T.)

sexo com ela. Estava entediadíssimo com Joan pouco depois de haver começado minhas relações com ela; mas não a deixei totalmente, e sim a mantive sem muito entusiasmo.

Nisso, um dia de primavera em 1969, enquanto conversava e tomava café com meus dois amigos cubanos no apartamento deles, outro garoto cubano entrou no quarto e perguntou: "Vocês são cubanos?". Claro, o forte cheiro de café que saía do quarto nos havia delatado. Convidamos Joaquín para tomar café, e desde esse momento já não éramos três, mas sim quatro cubanos inseparáveis. Eles eram estudantes de graduação e eu estava no mestrado e era o mais velho. Mas o curioso foi que Joaquín, diversamente dos outros, era supergay, atrevidíssimo, falou desde o começo dos tipos de homem que lhe agradavam e que nunca havia sentido nenhuma atração por mulheres. Aquilo se mostrava realmente interessante para mim. No segundo dia depois do primeiro encontro, combinei para falar com ele a sós. Contou-me uma infinidade de aventuras sexuais com outros homens desde antes da adolescência. Eu fiquei pasmo, verdadeiramente pasmo. Ouvia-o com um sentimento de delírio. Contou-me que vivia em Tampa com sua família, a qual sabia que tanto ele como seu irmão eram gays. Falava das atividades sexuais com a facilidade e a naturalidade que qualquer jovem heterossexual pode falar com outro homem heterossexual de suas múltiplas namoradas e aventuras amorosas. Enfim, para encurtar a longuíssima história, apaixonei-me por Joaquín rapidamente, e ele percebeu imediatamente. Um dia em que descíamos os dois no elevador de um dos alojamentos da universidade, segurou-me pelos braços e me deu um beijo na boca, de língua e tudo. Eu nunca havia feito isso com nenhum homem, nenhum homem nunca havia feito isso comigo, e fiquei desnorteado durante horas, não pude dormir, o encantamento era instantâneo e absoluto. Foi ele que me ensinou todas as peripécias que existem no sexo entre homens, que me conduziu a sair do armário definitivamente. Tornamo-nos amantes imediatamente. Mas, claro, eu ainda tinha Joan, e ela começou a suspeitar que havia "outra". Eu saía para ver Joaquín e dizia a Joan que ia jogar pingue-pongue no alojamento masculino, mas ela suspeitou que havia algo mais. Nessas vicissitudes da vida, Joan decidiu confessar seus pesares e ciúmes nada menos que a Joaquín, convertido agora em seu confidente. Creio que ela nunca soube que se tratava de seu rival, e se queixava com a mesma pessoa com a qual eu a enganava. Finalmente, em meio a um desses terríveis exames de compreensão da pós-graduação, decidi romper com ela de maneira definitiva. Joan insistiu para que eu não a deixasse, sapateou angustiada, mas aquilo já era insuportável para mim.

Enquanto isso, continuava aumentando minha apaixonadíssima relação amorosa com Joaquín. Consegui um apartamento fora da universidade para viver com ele. Parecia o paraíso, mas não era. Em certo sentido, foi o começo do maior inferno que vivi. Joaquín era extremamente promíscuo, e eu não era muito menos seu único amor, pois ele tinha encontros sexuais constantemente, e ainda por cima me contava com detalhes. Surpreendi-o várias vezes com outro na cama. Sofri desesperadamente. Tive ciúmes dele como não sabia que existia esse sentimento. Tentava calcular se entre o final de sua última aula do dia e sua chegada em casa podia transar com alguém no caminho. O ciúme é a única coisa que me faz perder o controle totalmente, que me faz ficar totalmente fora de mim. Descobri esse sentimento insuportável, tão parecido com a neurose; na realidade, é uma neurose, nos faz sentir constantemente mal. Não sei se esse sentimento despertou em mim porque eu já tinha potencial para tê-lo, ou porque por acaso esse primeiro amor apaixonado era a pessoa mais promíscua que conheci. Para desfrutar do meu sofrimento, contava-me quantos encontros sexuais tinha e não tinha, pois com o passar do tempo percebi que algumas das aventuras que me contava nunca haviam ocorrido, só lhe dava prazer me ver sofrendo, me descabelando por ele.

Devo acrescentar que durante os anos em que mantive minha relação com Joaquín, fiquei amigo de sua família em Tampa, e me acolheram como um filho. Ali voltei a restabelecer o contato direto com a diáspora cubana. Alguns dos familiares de Joaquín, que em política eram tipicamente cubanos exilados, atacavam com violência que minhas ideias políticas eram erradas, e em algumas ocasiões chegamos a discutir asperamente sobre esses assuntos. Eu então me achava um doutor sabe-tudo, e embora alguns dos que discutiam comigo fossem médicos e advogados, eu os punha no chinelo cada vez que se atreviam a discutir minhas ideias. Aquilo chegou a tal extremo que quando um dos primos de Joaquín residente na Pensilvânia veio visitar a família em Tampa, aproximou-se de mim, me deu a mão muito efusivamente e me perguntou: "É verdade que você é comunista?". Respondi que isso era mentira, que o que ocorria era que para a família de Joaquín, como para os cubanos exilados típicos, toda pessoa que não está na direita política é comunista, inclusive presidentes dos Estados Unidos etc. Mas como nessa época já tinha muita confiança com a família de Joaquín e nos gostávamos tanto, não me incomodou e levei na brincadeira.

O inferno amoroso com Joaquín durou quase três anos, pois se estendeu desde que nos conhecemos em Tallahassee em 1969 até o inverno de 1972, quando eu já era professor assistente na Universidade de Fairfield e ele, estudante de pós-graduação na Universidade de Connecticut. Em Connecticut, a situação ficou muito pior, até que fiz a única coisa que era possível: terminar com ele definitivamente e refazer minha vida sem ele. Não foi nada fácil. Sofri como Olga Guillot* aquela primeira decepção amorosa, por vários meses, talvez um ano, mas meu senso de sobrevivência me permitiu sobrepor-me ao sofrimento e saí daquele horror com mais força que nunca e com o que se pode chamar experiência em questões amorosas.

Naquele verão de 1969, ocorreram vários eventos que relaciono simbolicamente com minha saída definitiva do armário. Foi o momento em que os americanos chegaram à lua, e enquanto via na televisão Walter Cronkite emocionado dando a notícia da alunissagem da nave Apolo, estava fazendo sexo com Joaquín da forma mais desenfreada. Em meio a tais maravilhosos conúbios sexuais, recordo que estreou em Tallahassee *Perdidos na Noite***, e não pude prestar atenção no filme pensando na

---

* Cantora cubana (1922-2010), conhecida como a rainha do bolero. (N. T.)
** *Midnight Cowboy*, filme de 1969, com Dustin Hoffman e Jon Voight, dirigido por John Schlesinger, vencedor de três Oscars. (N. T.)

relação sexual que ia ter com Joaquín quando chegássemos ao apartamento. Também posso dizer que vários anos mais tarde refleti como, enquanto eu estava saindo definitivamente do armário no ano de 1969, na cidade de Nova York estava surgindo o movimento de liberação gay, que tantas consequências traria para a liberação dos gays e lésbicas não só nos Estados Unidos, mas no mundo inteiro. Foi precisamente nesse mesmo verão de 1969, enquanto na cidade de Nova York ocorriam as revoltas de gays e lésbicas do Stonewall, que eu saía do meu armário pessoal. Seria só coincidência ou meu instinto social me fez suspeitar que agora sim podia assumir? Não sei, mas essa coincidência é curiosa. Depois, passados os anos, me tornaria cada vez mais adepto do Movimento de Liberação Gay/Lésbica dos Estados Unidos, até chegar a ocupar um posto menor em uma associação regional do mesmo no sul dos Estados Unidos. Mas além de tomar consciência desse movimento, que veio à tona na sociedade norte-americana no verão de 1969, soube, algum tempo depois, que também nesse mesmo momento em Cuba estava ocorrendo algo realmente terrível relacionado aos homossexuais. Refiro-me às UMAPs (Unidades Militares de Ajuda à Produção), verdadeiros campos de concentração para todos aqueles jovens considerados pelo governo cubano como "antissociais", entre eles, claro, os homossexuais. Não deixa de latejar em minha cabeça a ideia de que esses três assuntos ocorreram em um mesmo verão: minha saída do armário, o Stonewall e as UMAPs.

Alligator, 31 de maio de 1984

As ideias políticas do professor e a objetividade acadêmica estão em conflito

*Gus Kein**

Uma Opinião Conservadora

Parece que a sede de Fidel Castro de adquirir novos bens imóveis é insaciável. Depois de tudo, suas bem-sucedidas intervenções na Nicarágua e em El Salvador trouxeram-lhe grandes conquistas, enquanto consegue que os Estados Unidos brilhem como um gigante impotente cuja grande arma foi reduzida a uma varinha de marmelo.

Não é necessário ir buscar muito longe para ver de que tipo de liberdade desfrutam as pessoas que estão sob os ideais marxistas-leninistas. Aqui mesmo em nossa própria universidade, um grupo de estudantes viajou a Tallahassee para protestar contra a concessão de permanência a Emilio Bejel, professor da Universidade da Flórida.

Aparentemente, Bejel é um esquerdista que apoia o regime de Fidel Castro em Cuba. Depois de tudo, Bejel está no conselho editorial da revista pró-castrista *Areíto*. Essa revista apoia uma política editorial que nega a existência de qualquer literatura ou cultura cubana que não esteja autorizada pelo governo cubano. Podem estar certos de que essa não é a liberdade de imprensa à qual estamos acostumados aqui nos Estados Unidos.

Como se isso não bastasse, Bejel também é membro do grupo cultural e educacional Círculo de Cultura Cubana, cujas ideias iluminadas incluem negar a existência de uma cultura cubana legítima que não esteja associada à revolução de Castro. *Areíto* chama os milhares de cubano-americanos que vivem fora de Cuba de "desviados culturais". Bejel foi citado no jornal oficial do partido comunista cubano *Granma* (8 de agosto, 1982) advertindo os editores do mundo para que se opusessem à "campanha contra Cuba" por parte dos escritores cubanos exilados.

Embora esteja em desacordo com as ideias políticas de Bejel, não creio que isso seja base suficiente para negar permanência a nenhum professor. Creio que a maioria das pessoas estaria de acordo comigo em que cercear a liberdade acadêmica é viável.

Entre suas obrigações, Bejel é responsável pelo ensino dos cursos de literatura cubana e latino-americana. Temos um indivíduo que negou publicamente a legitimidade de uma porção de obras que ele é responsável por ensinar. Suas credenciais apoiam o aparentemente inevitável conflito entre suas crenças e sua objetividade acadêmica.

No outono de 1982, Bejel ministrou um curso sobre o romance latino-americano. Cinco dos seis escritores selecionados por Bejel para serem estudados representam o mesmo ponto de vista que ele. Quando lhe pediram que incluísse outro escritor cubano de destaque, tal como Guillermo Cabrera Infante, disse a um estudante da Universidade da Flórida que seu livro era "muito grosso".

Na primavera de 1983, outra vez Bejel mostrou sua falta de objetividade acadêmica quando ministrou um curso de literatura caribenha. Não incluiu no programa nenhum escritor cubano exilado. Porém, não faltaram escritores que apoiavam a posição pró-socialista e antinorte-americana.

Em seu posto de coordenador da pós-graduação, Bejel tem a responsabilidade de orientar candidatos ao doutorado no campo da literatura cubana. Vários dos estudantes que fizeram a petição ao Conselho de Regentes estiveram em Tallahassee na sexta-feira. Esses estudantes contam a história de suas dificuldades para continuar os estudos sob a orientação de Bejel.

A estudante de doutorado Alicia Rodríguez denunciou que Bejel se recusou a entregar-lhe documentos necessários para sua pesquisa. Rodríguez está, como era de se esperar, escrevendo sua tese de doutorado sobre um escritor cubano exilado. Outra doutoranda, Caroline Hospital, aponta que Bejel também se negou a dar a ela documentos necessários para sua pesquisa. Ele rejeitou seu pedido dizendo que a informação que ela lhe pedia estava enterrada em uma caixa onde ele nunca ia poder encontrar. Eis qual é a liberdade acadêmica dos estudantes na Universidade da Flórida.

Parece-me que esses estudantes tiveram a única atitude correta ao chamar a atenção do reitor Marston e do Conselho de Regentes para esses incidentes. Depois de tudo, sua petição é razoável – postergar a permanência de Bejel até que se conclua uma investigação a respeito. Ainda creio que onde há fumaça há fogo, e todo esse processo expele fumaça. Como estudantes, nós temos que agradecer o empenho de regentes como Frank Graham e Raúl Masvidal por seus esforços para defender a liberdade acadêmica dos estudantes.

Considero que ainda temos que fazer uma investigação. Esperemos que nossos administradores tenham alguma coragem e esclareçam essa situação de uma vez por todas. Quem teria pensado que a sede de Fidel Castro por obter mais bens imóveis estender-se-ia à liberdade acadêmica dos estudantes da Universidade da Flórida? Apagamos sua sede com um copo de água fria de Fairbanks.

---

* Gus Kein é estudante do segundo ano na Escola de Artes Liberais e Ciências e diretor da Juventude por Reagan.

❦ *Fairfield* ❦

Apesar dos meus sofrimentos amorosos nos últimos anos dos meus estudos de pós-graduação na Universidade do Estado da Flórida e nos primeiros do meu posto na Universidade de Fairfield, nunca abandonei os assuntos relacionados à minha carreira profissional. Essa foi e tem sido sempre a âncora de minha vida. O restante é secundário, e nada me faz sair do trilho. Comecei como professor assistente na Universidade de Fairfield no outono de 1971, e já no verão de 1972 havia publicado no Uruguai meu primeiro livro, baseado em minha tese de doutorado. A Universidade de Fairfield é uma universidade jesuíta, portanto meu primeiro trabalho profissional se relacionava de certa maneira com a Igreja católica em geral e com os jesuítas em particular, os quais haviam me dado uma bolsa para fazer o colégio quando cheguei aos Estados Unidos. Mas isso não quer dizer que minha religiosidade tenha voltado a ser a mesma nem muito menos. Era uma questão mais simbólica e não de substância, porque a realidade era que eu continuava em meu caminho de ser cada vez menos religioso e de centrar minha atenção em questões políticas.

Ao concluir meu doutorado na Universidade do Estado da Flórida em dezembro de 1970, já havia começado a publicar artigos em revistas de pesquisa literária, pois havia me dado conta logo de minha vocação para a carreira e de como tal vocação coincidia perfeitamente com o lema principal da profissão: publicar ou perecer. Desde o início do meu posto na Universidade de Fairfield, dediquei-me com afinco a ensinar o melhor possível, a publicar o máximo possível e a trabalhar arduamente em comissões universitárias. Também continuei com minha paixão pela poesia, e escrevi e publiquei várias coleções de poemas nessa época. Era óbvio que os padres jesuítas a cargo da administração da Universidade de Fairfield estavam positivamente impressionados com minha dedicação e produtividade. Também no início da década de 1970, comecei a me interessar desmedidamente pela teoria do estruturalismo francês que já havia feito seus estragos pelo mundo intelectual do Ocidente. Já nessa época havia estudado com paixão os trabalhos de Carlos Bousoño que eram uma espécie de proto-estruturalismo, mas agora nos anos 1970 o tema havia se estendido a várias áreas do conhecimento, e me atraía a precisão pseudocientífica daquela aproximação analítica. Pelo menos me parecia muito superior à crítica impressionista e personalista praticada por vários de meus professores na faculdade e na pós-graduação.

Mas como tudo na vida, as coisas não foram totalmente fáceis, principalmente nesses primeiros anos de minha carreira. Ocorre que eu contava minha grande dor devido à recente ruptura com Joaquín a todas as pessoas de confiança que encontrava. Não só a meus velhos amigos residentes em outros estados e a meus novos amigos e amigas de Connecticut (entre elas Marie Panico, uma professora da Universidade de Fairfield que foi a que mais me acolheu como um irmão desde minha chegada a Fairfield), mas também buscava encontrar gays e lésbicas com os quais pudesse não só fazer amizade e assim compartilhar bons momentos, mas também aos quais pudesse contar minha cantilena de bolero desafinado e compadecedor. Nisso me apresentaram na Universidade de Fairfield a um professor de outro departamento que também era gay e tinha mais ou menos minha idade. Pareceu-me uma magnífica oportunidade para começar a fazer amizades gays no novo lugar. Imediatamente me tornei amigo de... bem, chamemo-lo Jerry. Mas aquela nova amizade logo se converteu em um verdadeiro pesadelo, pois esse jovem professor além de ser gay estava bastante perturbado, e perturbado no pior sentido: era um maníaco alcoólatra com um profundo sentimento de inferioridade e não demorou em me converter no alvo de sua inveja e estranha vingança. Não sei o que sentiria por mim, mas sua atitude para comigo se parecia mais com uma combinação de ódio, inveja e desejo doentio. Invejava até minhas confissões de sofrimento amoroso por Joaquín. Há pessoas tão terrivelmente invejosas que invejam até as desgraças e defeitos dos outros. Perseguia-me e ameaçava-me, para me ver acovardado, com que ia dizer a vários outros professores da universidade que eu era homossexual, e como, segundo ele, eles já o conheciam bem, e eu, ao contrário, era novo e estrangeiro, eles denunciariam aos jesuítas como um perigo para os jovens estudantes do campus ter aquele professorzinho cubano homossexual e luxurioso. Graças a Deus, nunca tive nenhuma relação sexual com nenhum aluno. Mantive esse galardão por mais de trinta anos de carreira. Mas na verdade fiquei aterrorizado, pois não sabia como me livrar dele e de suas ameaças. Em sua loucura, sempre queria estar onde eu estivesse. Em uma ocasião, dei uma festa para um pessoal gay no meu apartamento, no nono andar de um edifício chamado Embassy Towers em Bridgeport, e Jerry apareceu. Tratei-o muito bem para ver se isso o acalmava. Foi desagradável com alguns dos convidados, mas todo mundo estava disposto a se divertir e não lhe deram atenção. Porém a coisa ficou feia quando chegada a hora em que se supunha que todos iriam embora, eu via que os convidados saíam mas Jerry ficava, ficava e se embriagava mais e mais. Ficou mesmo depois que todo mundo tinha ido embora, e então começou a me insultar e a me ameaçar, dizendo que ia me denunciar aos jesuítas, e isso era o que eu mais temia. No final, vomitou por toda a sala e ficou dormindo no chão. No outro dia, levantou-se e foi embora sem dizer nada, e meu trabalho então consistiu em limpar aquele tapete e planejar como diminuir o problemão que tinha com aquele louco.

A solução que me ocorreu (não recordo se foi Silvio que me sugeriu) foi verdadeiramente delirante, mas eficaz. Espalhei pela universidade, por intermédio de minha amiga Marie Panico e outras pessoas, que estava muito doente do coração e na realidade estava morrendo, apesar da aparente juventude e energia. Isso serviria (segundo a teoria do plano), por um lado, para que os administradores e professores da universidade tivessem pena de mim, e por outro para que Jerry não me visse como uma pessoa bem-sucedida e cheia de planos e entusiasmo pela vida, e portanto diminuísse sua inveja por mim. O plano funcio-

Emilio Bejel, c. 1973

nou perfeitamente. Muitas pessoas da universidade se aproximaram de mim com óbvia compaixão, e Jerry deixou de me perseguir, pelo menos diretamente. Esperei para ter o visto de trabalho e foi então, quatro ou cinco anos mais tarde, que pude declarar que estava saudável e feliz e com grandes planos de realizações profissionais. Já nessa época, além da permanência, tinha várias amizades influentes na universidade e todo mundo me conhecia bem e me apreciava. Minha vida em Fairfield foi verdadeiramente prazerosa a partir desse momento.

Alligator, quinta-feira, 31 de maio de 1984

Verdadeira Liberdade

Nas aulas de inglês, é comum que o professor escolha as obras a serem estudadas em aula. Não constitui fundamento para negar permanência a um professor que prefira James Joyce no lugar de Ernest Hemingway.

Não obstante, alguns estudantes e três membros do Conselho de Regentes querem negar permanência a um professor da Universidade da Flórida devido às suas ideias políticas e à matéria que escolhe para ensinar em suas aulas de literatura hispano-americana.

Alegando que Emilio Bejel está em desacordo com escritores dissidentes cubanos, seis estudantes da Universidade da Flórida pediram ao Conselho de Regentes na semana passada que negassem permanência a esse professor. Reclamam que Bejel está cerceando a liberdade acadêmica deles.

Essas acusações de que Bejel favorece um tipo de literatura e não outro talvez sejam verdadeiras, embora ele negue que seja assim. Não importam suas preferências, ele tem o direito constitucional de expressar suas ideias e a liberdade acadêmica para ensiná-las.

É duvidoso que alguém esteja amarrando os alunos em suas escrivaninhas e forçando-os a ler obras a favor de Castro. Os estudantes matriculam-se nos cursos e também têm a opção de desistir deles se não gostarem da matéria ensinada nos mesmos.

Bejel alega que, dos seis estudantes, somente um frequentou algum de seus cursos. Tem razão em fazer a pergunta: "como posso cercear a liberdade acadêmica de alunos que não estudam comigo?".

Em uma coluna da página 7 do *Alligator* de hoje, o diretor da Juventude por Reagan, Gus Kein, ataca Bejel por suas ideias políticas. Ele aponta que Bejel está envolvido em vários grupos pró-castristas e aborda livros que apoiam as ideias de Castro.

Kein diz que quando Bejel não aborda um livro que algum estudante quer que ele aborde, isso representa um obstáculo para a liberdade acadêmica.

Bem, Sr. Kein, não são os estudantes que controlam os cursos, e sim os professores.

Nessa mesma coluna editorial, há apenas alguns meses, membros da Juventude por Reagan foram repreendidos por atacar o Sr. Kein porque ele é homossexual. Agora é o Sr. Kein que quer restringir um professor que não compartilha as mesmas ideias políticas de direita que ele.

Todo mundo tem o direito de ter suas próprias opiniões, e cada cidadão tem garantido o direito de expressar essas ideias. Essa expressão pode tomar muitas formas. Ocorre que Bejel expressa seus pontos de vista no tipo de literatura pelo qual se interessa.

Se nós como sociedade adotarmos o hábito de expulsar os professores devido ao tipo de matéria que ensinam, o conceito de liberdade acadêmica estará sendo jogado pela janela. Negar permanência a Bejel teria exatamente o efeito oposto ao que os estudantes querem.

É um caso claro de política. Os estudantes não gostam das ideias políticas de Bejel e querem tirá-lo por isso.

Ironicamente, é uma situação similar à de Cuba, contra a qual os estudantes lutam.

O fato de que Bejel possa ensinar o que quiser é o que torna a América diferente de Cuba e do restante dos países comunistas do mundo.

Devemos ao reitor Robert Marston e ao vice-reitor de Assuntos Acadêmicos Robert Bryan terem concordado e apoiado a permanência de Bejel.

❦ *Sílvio* ❦

Nesses primeiros anos de minha vida profissional em Connecticut, restabeleci minha amizade nada menos do que com Silvio, que embora vivesse na Pensilvânia, vinha com frequência me visitar e estava em constante contato telefônico comigo. Havia passado um tempo na Espanha e havia voltado para os Estados Unidos para lecionar em uma academia militar perto da Filadélfia. Primeiro veio me visitar em Bridgeport em 1971 com outro de meus velhos amigos de Manzanillo, Chano del Olmo, e isso restabeleceu totalmente nossa amizade. Silvio tinha sido meu grande amigo desde minha infância em Manzanillo, e agora continuávamos a amizade de maneira muito especial, pois ele também era filho único e gay (peço ao leitor que não tire nenhuma conclusão quanto à possível conexão entre essas duas condições). Sua mãe tinha sido professora na Escola do Lar de Manzanillo, onde Mamãe dava aulas de inglês. Havíamos nascido a umas poucas quadras de distância, havíamos ficado amigos desde muito cedo, e quando jovens havíamos participado da Juventude Estudantil Católica. Também tinha sido ele quem se ocupou de conseguir o dinheiro para o visto dos Estados Unidos, a fim de que eu pudesse apresentar meus papéis de saída de Cuba em 1962. No verão de 1963, quando recebi a notícia da morte de Mamãe, Silvio foi o primeiro que veio me consolar. Havia confessado a ele minha homossexualidade alguns anos antes de nosso reencontro em 1971, e havia me dado conta de que ele estava a anos-luz de mim em questões da vida gay. Silvio também havia estudado a mesma carreira, ou seja, havia se tornado professor de literatura hispânica, e aquilo aumentava ainda mais nossos interesses em comum. De fato, a renovação de nossa amizade na década de 1970 nos permitiu estimularmo-nos mutuamente sobre ideias e livros relacionados com a literatura e a filosofia, nossas maiores paixões (bem, se desconsiderarmos os homens). Estudamos com delírio as ideias do estruturalismo, Heidegger, Lévi-Strauss, Barthes, Sarduy, Jakobson e muitos mais.

Silvio sempre foi muito atrevido, atrevidíssimo, em tudo o que faz ou pensa, o que lhe custou muitos contratempos na vida. Sem dúvida, ele não é só meu melhor amigo, mas também "meu personagem inesquecível". Enfim, essa renovação de minha amizade com Silvio na década de 1970 me ajudou a assumir na vida gay. Claro, ele já havia se inteirado das revoltas dos gays e lésbicas no Stonewall de Nova York, e assim comecei a tomar consciência do movimento de liberação gay/lésbica. Não estávamos sozinhos. Tratava-se de um movimento mundial. Não somente se tratou de um despertar político quanto à questão gay/lésbica, mas também Silvio insistiu comigo em que, para sair de meus pesares amorosos devido à ruptura com Joaquín, e também por pura luxúria, devia familiarizar-me com a vida noturna gay de Nova York. Nem é preciso dizer que ele não teve muito trabalho para me convencer dessa solução, e logo me vi dançando nas discotecas de New York City, especialmente em uma chamada Roundtable. Agora me parece que deve ter sido cansativo ir pelo menos duas vezes por semana de Connecticut a Nova York para essas andanças noturnas e no dia seguinte vir dar aula na universidade, mas naquela época, com apenas 27 anos de idade, me parecia a coisa mais natural do mundo. A ideia básica era ir buscar alguém para fazer sexo, e se possível encontrar um amante permanente ou pelo menos duradouro. A busca por um amante permanente foi um desejo constante em mim desde muito cedo em minha vida gay, e talvez seja um sentimento que muitos gays e lésbicas têm, embora esse objetivo não seja nada fácil de alcançar. No meu caso, foi um claro desejo de ter uma família, de recuperar uma vida familiar tranquila e estável (devo pôr fim a esses sermões moralistas!).

Mas quanto às minhas andanças sexuais-amorosas daqueles anos, ocorreram duas coisas simultâneas e contraditórias: as aventuras passageiras e o amante duradouro. No ano de 1972, junto com meu sofrimento amoroso, tive uma infinidade de aventuras com homens que encontrava nos bares ou onde fosse, e ainda em dezembro desse ano conheci um garoto, chamemo-lo Pedro, na Roundtable, com o qual dormi em um hotelzinho nova-iorquino e depois tivemos uma relação que, entre uma coisa e outra, durou onze anos. Era porto-riquenho e muito gente boa, e com desejos de formar um lar e ter estabilidade na vida matrimonial. Claro que, como eu acabava de sair da experiência com Joaquín, levei anos para levar essa nova relação a sério. Tinha medo de que me ocorresse o mesmo que da vez anterior, e o assumi como algo menos importante do que teria pensado em outra circunstância.

Devo acrescentar que Silvio possui uma grande inteligência e uma memória assombrosa, a qual contrasta com a minha, muito mais seletiva, para não dizer pobre. Com todas as experiências que compartilhamos desde a infância até hoje, há alguns anos escrevi o seguinte poema para Silvio como se fosse um diálogo entre nós dois:

> Amigo
> Você tem tão boa memória
> Que sabe muito mais sobre mim do que eu mesmo
> Por isso você escreve romances e eu poemas
> Os poetas têm a memória tão ruim
> Que quando se lembram de algo intenso
>   Têm que dizê-lo em rajadas
>   Como ciclones concentrados

Embora fôssemos da mesma idade
Você já vislumbrava desde a infância
Que juntos continuaríamos a história
Dos seus avós e dos meus
Você tem tão boa memória que quando
Tomo banho no rio me despreocupo
Sabendo que poderá me contar depois
Qual foi a exata gota de água
Que me lavou os olhos da cara

Você sempre foi um menino estranho
Foi sempre misterioso e feliz
Como seu avô
Eu desde o início sabia o que era
Que lhe faltava para completar
      O livro que sua mãe lhe ofertou
Mas as frutas sobravam
E havia tempo para amadurecer
Às vezes quando você passava via refletida na parede
Uma silhueta ou hieróglifo cruzando
Uma poça de água podre
E eu aparecia esperando-o na outra margem
Sentado em cadeira de ouro
Deixamos sua casa que tinha um jasmim
E a minha que tinha um eucalipto
Escapulimos achando que tínhamos vestido
As calças de nossos pais ausentes
Mas ao atravessar para a outra margem
      Vimos no reflexo do mar que tínhamos
      A cara borrada com os cosméticos
      De nossas mães

Você viu o perfil no espelho no dia
Em que se apaixonou pela primeira vez
E acreditou que o amor era uma pedra sazonada
E interminável
Eu sempre soube que o amor é um delírio
Que vai apodrecendo como uma maçã bonita
      E silvestre que se decompõe até
      Que a casa toda cheire a enxofre e pólvora

Vi somente meu perfil direito no dia
Que me apaixonei como uma explosão carregada
      De barrotes para amarrar o amor no pé da cama
Foi então que compreendi
O que queria dizer a imagem da janela
Onde Mamãe me vestia diferente
Dos meninos pobres
Mas quando me senti traído pensei
Que só me acalmaria falando com Mamãe
Através dos véus que me separavam
      Do outro mundo
E nisso você apareceu em meu auxílio
Com uma enorme caixa cheia de jasmins
E damas-da-noite envolvidas
Em frondosas folhas de eucalipto úmido
Mas ainda está fresca em minha memória
A noite em que passeávamos pelos bares
E esgotos de Nova York
Em busca de uns pedacinhos de desejo
Que se parecessem com o céu
Sabíamos ou não sabíamos que andávamos buscando
Você com sua memória e sua tristeza
E eu com minhas palavras cruzadas e minha poesia

Olhávamos as prostitutas e os entendidos
E os gays e os atletas seminus
Todos em busca do que desconheciam e pressentiam
E está fresca também em minha memória
A vez que caminhávamos com Rubén e Edgardo
      Em Paris dentro de um brilhante postal
      Que havíamos visto desde criança
E contemplávamos o Arco
O Arquinho
O Louvre
A Torre Eiffel
O Sena…
Tudo se confundia nesse momento
Com os nasais cursos onde repetíamos
"Prefecture de police"
"Bureau de poste"
"Avenue de l'Observatoire"
"Bon tour"
"Je suis americain"
"Merci bien…"
O soslaio da página via um cafezinho
Na calçada da avenida Saint Michel
E o fumegante sabor perfumava
Uma esquina de nossa memória culturizada
E dizíamos Avenue Saint German e sonhávamos
E caminhávamos por essa avenida e sonhávamos
Era um livro percorrido entre paralelepípedos
A não ser talvez pela escadinha empoeirada
Do hotelzinho Sorbonne
Ou pelo encontro casual com o mais sutil
      Ladrãozinho tunisiano
Ou pelo novo beijo e a nova raiva
Desde a imagem de trópicos mais queridos

E desde essa nova e velha tristeza
(Velha e nova ternura)
Gravava sua figura para sempre
Dentro de um postal parisiense
Mas já desde então você vislumbrava
A origem de tudo
E eu o seguia como enfeitiçado
Por saber o que estava reservado
Para os que havíamos invertido
Todos os papéis do cenário
E víamos ou vivíamos o labirinto quebrado
De uma noite burguesa em todo o seu esplendor
Então você me pegou pelo braço e me disse:
"A única saída é voltar para Manzanillo"

Depois passamos cem desertos e pântanos
Até que fomos convertendo em flores raras
Cada um dos nossos terrores
Comecemos agora a nos contar todos
Esses bosques escuros
Que foram surgindo do fundo do mar
Eu com minha memória e você com suas sombras
Poderemos organizar todos os planetas

Eu com minhas sombras e você com sua memória
Habitaremos cada casa desabitada

❧ *Vietnã* ❧

Eu nunca fui ao Vietnã nem ao serviço militar, mas a possibilidade esteve me rondando durante anos. Já desde a época em que estudava na Universidade de Miami, a guerra do Vietnã era um assunto cada vez mais candente na política americana, e como eu vinha de um país comunista, entre mim e meus amigos cubano-americanos esse tema era discutido entre nós apaixonadamente. Supunha-se que, como exilados de um país comunista, estaríamos todos dispostos a lutar no Vietnã e dessa maneira contribuir para deter o comunismo internacional onde quer que fosse. Mas, claro, as coisas nunca são tão lógicas, em especial quando se trata da própria pele. No meu caso, andava convencido de que não suportaria nem sequer o treinamento militar básico. Apenas a ideia de fazer tal coisa me teria matado. Mas a guerra ficava cada vez mais intensa, e eu era um novo cidadão americano, solteiro e exilado de outro país. Quanto mais títulos tinha, mais se aproximava a possibilidade de que me obrigassem a entrar no exército. A questão era que como estudante universitário eu tinha certa proteção, mas uma vez com o meu título de bacharelado, essa proteção se desvanecia. Além disso, o governo de Lyndon Johnson eliminava mais e mais os impedimentos para ser soldado, e eu estava em uma situação muito pouco defensável quanto a escapar do serviço militar. Bem, isso achavam os que me diziam que de uma hora para a outra iriam me levar, mas o certo é que consegui me livrar da situação. Estava decidido a não ir para o serviço militar, e muito menos matar vietnamitas. Isso me parecia algo tão monstruoso que não podia nem pensar. Para a prisão, se necessário, mas não para o Vietnã.

Quando cheguei a Tallahassee em 1967 para fazer meu mestrado, o perigo do serviço militar era iminente. Pensava nisso frequentemente, mas tinha que continuar vivendo minha vida e me ocupar de meus assuntos imediatos. Então me dediquei a estudar e ver como faria amizades no novo lugar. A primeira coisa que fiz foi procurar onde se jogava pingue-pongue na universidade. Esse era meu passatempo favorito e além disso a maneira mais efetiva e rápida de fazer amigos. Creio que já no segundo ou terceiro dia havia encontrado onde jogar pingue-pongue e comecei a ir lá e a conversar com os outros estudantes pingue-pongueiros. Eu jogava bastante bem e isso me dava certo nível imediato entre os jogadores. Ali, logo fiquei amigo de um rapaz chamado Kenneth que era extremamente bem-apessoado. Ele, apesar de ser muito jovem (tinha uns 25 anos), acabara de se casar e, segundo me disse, tinha feito isso porque dessa maneira tinha um pouco mais de proteção quanto ao serviço militar. Não me lembro o que estudava, mas sim recordo que às vezes o ajudava a estudar certos assuntos de literatura e filosofia, meus dois fortes. Íamos ao seu apartamento ou ao meu algumas vezes por semana e ali conversávamos (às vezes a esposa, Stephanie, estava presente e conversávamos os três) além de estudar algum assunto no qual eu pudesse ajudá-lo. Foi uma amizade bonita e pouco exigente, na qual devo confessar que a maior atração para mim era ver quão belo e bem formado era, mas também tinha uma personalidade muito agradável. Vinha de uma família de classe média de Nova York e tinha se casado com aquela moça muito bonita e refinada proveniente de uma família endinheirada do sul. Era óbvio que se gostavam e se davam bem. Ela não cozinhava, mas ele o fazia bastante bem e às vezes me convidava para comer em seu apartamento.

Enfim, eu continuava dedicado aos meus estudos e ao meu pingue-pongue quando me chegou a terrível ordem do exército para me apresentar em um certo posto militar perto de Tallahassee para que fizesse o exame físico. A notificação dizia que estava classificado como 1-A, o que queria dizer mais ou menos "Você está a caminho do Vietnã". Horrorizei-me com a ideia e imediatamente me pus a pensar num plano para ser dispensado do serviço militar. Restavam-me apenas alguns dias para elaborá-lo. Finalmente chegou o dia do exame. Fui até o lugar indicado e ali, depois de tirarem minhas impressões digitais e me pedir alguns dados pessoais, me disseram sem mais nem menos para tirar toda a roupa e esperar em um corredor cheio de outros jovens que me chamassem pelo meu nome. Todos estávamos totalmente nus e não nos conhecíamos. Percebi que era o primeiro exercício do serviço militar para fazer com que nos sentíssemos desvalidos. Eu não sabia para onde olhar com dezenas daqueles rapazes pelados, mas não recordo haver sentido muita excitação devido ao estado tão embaraçoso em que me encontrava. Nisso ouvi que alguém me chamou e me disse "Emilio"; olhei e era ninguém menos que Kenneth, nuzinho como Deus o havia trazido ao mundo, que tinha me visto e se aproximava de mim. Agora sim que não podia olhar para baixo de forma alguma, porque olhar para aquela beleza nua teria me produzido uma ereção imediata. Contive-me a duras penas, e de fato em vez de atração o que senti foi pena de me achar em tal situação. Não recordo mais a nossa conversa, só que nos separamos uma vez que foram nos chamando para o exame físico.

Esse era o momento em que tinha que pôr em prática meu plano de dispensa, o qual consistia em seis passos. Cada passo seria posto em prática se o anterior não desse resultado. Como de costume, meu plano era incrivelmente delirante e aparentemente absurdo. Primeiro, argumentaria que tinha pé chato, o que por algum tempo se disse que era um dos impedimentos para fazer o serviço militar. Segundo, tinha passado a noite anterior ao exame físico tomando café cubano e sem dormir, de tal maneira que quando medissem minha pressão no exame notassem que estava nas nuvens, e então eu lhes diria que era uma condição crônica. Terceiro, apelaria para o fato de que tenho um pequeno sopro no coração, o que é verdade mas devido ao fato de que fosse tão pequeno talvez não desse resultado. Quarto, mostraria, com abundantes provas se fosse necessário, que era homossexual, ou seja, minha política nesse sentido podia ser resumida na seguinte frase: *Please, ask. I'll tell* (Pergunte-me que eu contarei tudo). Quinto, iria para o Canadá. Sexto, se nenhum desses argumentos desse certo, resistiria de tal maneira a ir que me mandariam para a prisão. Na realidade, só tive que usar os três primeiros argumentos. Não aceitaram a história do pé chato, mas a combinação da pressão altíssima com o sopro no coração me permitiu obter uma classificação de inapto por toda a vida.

Mas a questão do Vietnã também havia tido consequências com relação à minha posição política. Já desde que estava na faculdade em Miami, e especialmente na escola graduada em Tallahassee, não só lia muito sobre a situação da guerra e olhava as notícias que tratavam do terrível conflito bélico, mas também em certo sentido participava de maneira tangencial nas atividades estudantis de protesto contra a guerra. Recordo que no início não foi assim, que quando estava na Universidade de Miami me sentia mais exatamente a favor da guerra. Mas à medida que o conflito avançava, minha oposição àquela monstruosidade foi se radicalizando. Em Tallahassee, fiquei amigo de um rapaz de cabelo preto e barbudo que era líder dos protestos estudantis antibélicos. Às vezes nos reuníamos em seu apartamento, e embora em várias ocasiões tenha feito algumas objeções, na realidade fui me juntando aos protestos.

Como tinha me livrado do serviço militar, continuei meus estudos sem problemas e fui tirando meus títulos de mestrado, e logo depois comecei a fazer o doutorado. Não me lembro exatamente quando, mas me lembro que foi um dia em meio aos exames de compreensão do doutorado, que me encontrei na rua com Stephanie, e quando fui até ela, começou a chorar desconsoladamente. O problema era que o exército havia levado Kenneth ao Vietnã e pouco depois o haviam matado na guerra. Não soube o que dizer. Não soube o que sentir. Aquela guerra que me parecia absurda e injusta reclamava outro jovem americano, dessa vez alguém conhecido. Pensei que podia ter estado em seu lugar, e senti um estranho alívio combinado com certo sentimento de culpa.

❦ *O Sequestro* ❦

Já disse que, por intermédio de Silvio, comecei a frequentar bares e a vida noturna da cidade de Nova York. Isso sim era um verdadeiro carnaval, ou mais exatamente uma orgia de proporções enormes. Para todas essas aventuras, Silvio era meu conselheiro. Ele me dizia o que devia fazer com Pedro, o novo amante, e com as aventuras passageiras, onde ir para transar, como me vestir para impressionar nos bares e discotecas, onde levar a pessoa depois da transa etc. Seus conselhos, juntamente com o fato de que quase sempre íamos juntos às aventuras sigilosas nova-iorquinas, iam com frequência na direção do "divirta-se, garoto, não seja bobo". Assim o fiz, e como! Nesse ano de 1972, em meio ao terror de Jerry, o professor que me perseguia, e aos sofrimentos amorosos devido ao rompimento com Joaquín, tive uma vida extremamente promíscua. Visitei inclusive os famosos caminhões de Nova York, ou seja, lugares onde havia uns grandes *trailers* estacionados perto do rio Hudson, que eram o lugar preferido de centenas de homens gays, os quais se reuniam ali à noite durante o verão para fazer sexo atrás, na frente ou debaixo daquelas estruturas gigantescas. Era uma cena difícil de imaginar para quem nunca tinha visto. Viam-se em diversos cantos semiescuros grupos de quatro a dez homens fazendo sexo em alguma parte do que era na realidade uma rua escura dos libertinos nova-iorquinos. Devo dizer (e o desconfiado leitor dirá que isso é uma desculpa para suavizar tal confissão, mas é absolutamente verdadeiro) que eu nunca fiz sexo nesses lugares, mas fui várias vezes para ver o que acontecia lá. Acho que o poeta espanhol Federico García Lorca se refere a algo parecido em seu poema "O Rei de Harlem", que trata de quando ele visitou Nova York na década de 1930. Mas posso dizer que vi algo parecido na década de 1970. A cena era verdadeiramente dantesca, infernal. Também em meados da década de 1970, visitei uma vez o famoso Mineshaft, dessa vez conduzido por meu amigo Randy Barceló, que era muito mais atrevido que Silvio. Para quem não sabe, o Mineshaft era um bar novaiorquino onde havia muitas seções para todo tipo de fetichismos sexuais, especialmente os de sadomasoquismo. Quando entrávamos, havia alguns homens que nos cheiravam para ver se o cheiro era bom, e se fosse assim, negavam a entrada. Não se podia exalar perfume nem nada muito limpo, e sim suor, ou algo parecido ou pior. Enfim, Randy me levou a esse lugar dantesco e em pouco tempo tive vontade de vomitar e disse a ele que tínhamos que sair de lá. Eu dependia totalmente dele, pois estava hospedado em seu apartamento em Upper Manhattan, mas meu desgosto foi absoluto. Ele ficou bravíssimo e começou, inutilmente, a me insultar dizendo que eu tinha mentalidade de camponês e que nunca havia saído emocionalmente de Manzanillo. Finalmente, saímos desse lugar muito contra sua vontade, pois para ele era o lugar mais fabuloso do mundo.

Mas se aprendi alguma coisa foi que quanto mais extremo for o prazer exagerado, mais risco imediato e a longo prazo causa. Como disse, eu ia a Nova York umas duas vezes por semana. Em algumas ocasiões, melhor dizendo, quase sempre, voltava de madrugada, e quando ia pela rodovia 95 rumo a Connecticut, via a luz do sol surgindo no horizonte. Havia me convertido em um morcego ou vampiro. Tratava-se de uma paixão contida e reprimida por tantos anos que ao revelar-se irrompeu como uma explosão. Às vezes, assim de repente, resolvia ir a Nova York, e decidia sair de casa às onze da noite. Pegava meu carrinho e dirigia por uma hora e meia até a cidade, e estando lá me dirigia a um dos bares ou discotecas para dançar e transar com algum homem.

Ocorre que em uma ocasião, no meio do inverno de 1972 (que ano!), decidi ir a Nova York uma quinta-feira tarde da noite. Fui dessa vez a uma discoteca, cujo nome não recordo agora, no leste de Manhattan. Ao chegar, percebi que estava quase vazia, e logo cheguei à conclusão de que a noite estava perdida, e o melhor seria voltar no dia seguinte ou no sábado e recomeçar a eterna busca. Então me dirigi com meu carrinho para Connecticut, e para tanto tinha que dirigir rumo ao norte pela rua Central Park West. Ao passar por um dos becos que dão no Central Park, noto que há um homem que, apesar da temperatura invernal, está sem agasalho e obviamente morrendo de frio. Está de pé perto de um dos bancos da rua e olha com interesse para os transeuntes e para os que vão passando nos carros, que são muito escassos por ser quinta-feira e por ser já bastante tarde. Passo duas vezes pelo lado em que está para ver de que se trata. Percebo que é um homem jovem, alto, extremamente bem apessoado e isso me entusiasma. Volto a passar pela terceira vez e ele volta a me olhar fixamente. Paro o carro diante dele. Aproxima-se da minha janela, que eu abro para poder falar com ele. Pergunta-me o que ando fazendo e eu lhe respondo com a mesma pergunta. Ele me diz que o que eu quiser, e eu lhe respondo que gostaria que fôssemos a minha casa passar uns bons momentos. Ele concorda e entra no meu carro. Antes de ligar o carro de novo, esclareço-lhe que vivo em Connecticut e que a viagem leva mais de uma hora. Responde-me que não lhe importa, contanto que eu o traga no outro dia a Manhattan. Então arranco com o carro e dirijo rumo ao norte para chegar à rodovia 95 que leva a Connecticut. Enquanto viajávamos, mantivemos uma conversa insípida. No carro, percebo que efetivamente é um homem muito bonito com certa semelhança com Lauren, minha primeira paixão gay. Ao entrarmos na rodovia 95, sua conversa se torna muito mais animada e busco me adaptar à mudança de tom e de energia da conversa. Ele me faz perguntas que eu respondo de maneira imprudentemente sincera sobre o que faço (professor), onde moro (Bridgeport), se moro sozinho (sim). Então cabe a ele responder minhas perguntas. Pergunto-lhe onde mora e me responde que na verdade acaba de chegar a Nova York e não tem moradia nem dinheiro, e que está com uma fome terrível porque faz vários dias que não come nada. Digo-lhe que assim que chegarmos em casa lhe oferecerei algo para comer. Também me diz que tem muita vontade de tomar banho, pois há dias que não o faz. Digo-lhe que isso não é problema porque ele poderá tomar banho em minha casa assim que chegarmos. Continua falando sem que eu lhe pergunte nada. Diz que estava no exército e que regressara do Vietnã havia pouco. Explica-me, sem que eu lhe pergunte, que o exército o expulsou desonrosamente porque no Vietnã fez coisas que não estavam dentro do permitido. Sorrio e lhe digo, acreditando que se tratasse de atividades homossexuais, que imagino o que é "que não está dentro do permitido". Ele nega com a cabeça olhando-me fixamente e me diz com um sorriso que nao é o que estou pensando, que não se trata de sexo de nenhum tipo, que sim fizera sexo, mas isso não importava muito aos oficiais. Há um silêncio entre nós dois e ele toma de novo a palavra. Volta a me olhar com um sorriso malicioso e me confessa algo que me deixa aterrorizado: expulsaram-no do exército porque lhe dava prazer matar e havia matado várias pessoas (supõe-se que eram vietnamitas) sem que houvesse nenhuma batalha. Não o entendo bem, mas penso que me diz que matou prisioneiros vietnamitas pelo gosto de vê-los morrer e vê-los aterrorizados quando ele matava os demais diante deles. Diz-me que lhe causa prazer ver alguém muito apavorado diante dele, e que isso o excita e o incita a causar-lhe dano. Diante de tal confissão, me ponho a pensar quais são minhas alternativas para me desfazer desse monstro antes que ele me mate. Decido que não posso parar o carro na rodovia 95 no meio da noite porque isso seria pior. Penso, de maneira boba, que todos os meus estudos e experiências na vida até esse momento me devem fornecer alguma saída diante de uma situação tão perigosa. Decido em minha mente que tenho que chegar até Connecticut com ele, mas que ali não posso causar nenhum escândalo porque meu posto estaria em perigo, sobretudo com a ameaça de Jerry. Já me vejo nas manchetes dos jornais (a gente se acha tão importante!) dizendo que um professor cubano homossexual recém-chegado à Universidade de Fairfield fez um escândalo público com um puto assassino. Não posso ir à polícia. O que fazer? Ocorre-me uma ideia realmente primitiva e absurda: penso que se a disposição criminosa tem algo a ver com a química do corpo do assassino, então se conseguir mudar, mesmo que seja momentaneamente, a química do corpo desse assassino, ele não me matará, não levará a cabo o crime. O que tenho que fazer é que ele tome banho, coma e goze o quanto antes. Isso mudará a química do corpo dele o suficiente para que se sinta melhor e não me mate. Com esse pensamento, chego ao edifício do Embassy Towers onde vivo em Bridgeport. Aluguei um apartamento no nono andar desse edifício de dez que, embora pareça muito lindo e até luxuoso para meu nível de vida atual, está cheio de idosos que exigem um alto grau de tranquilidade e segurança. No edifício, sempre há um guarda em uma guarita de vidro na entrada olhando constantemente umas telas em que são projetadas as imagens de tudo o que ocorre no elevador, nos corredores ou no *lobby*. É algo assim como uma espécie de pan-óptico. O guarda, também um homem idoso, parece que me odeia pelas constantes atividades noturnas suspeitas que ocorrem no meu apartamento. O síndico do edifício também me despreza e me disse de várias maneiras por que não me mudo para um lugar onde minha maneira de viver se acomode melhor. Entro no edifício. Passo com o ser diante do guarda que está quase dormindo (são pelo menos duas da manhã), mas nesse momento acorda e me cumprimenta e fica sério ao ver aquele homem alto e sujo que obviamente é um puto da rua (o guarda não sabe que além disso é um assassino). Subimos em silêncio pelo elevador: primeiro andar, segundo, terceiro... nono. Vamos pelo corredor até meu apartamento sem dizer uma palavra. Abro a porta. Fecho-a. Vou imediatamente ao banheiro e urino. Saio e lhe digo que ali está o banheiro, que pode tomar banho. Entra no banheiro e fecha a porta. Vou até a cozinha e ponho no forno uma bandeja de minipizzas que tenho no congelador.

Percebo o chuveiro. Reflito que aquela noite talvez seja a última da minha vida. Preocupa-me que não encontrem meu cadáver até vários dias depois quando o mau cheiro levar as autoridades a entrarem no apartamento. Também penso que nesta sexta-feira dou aulas na universidade e não sei no que vai dar tudo isso. O que farei com minhas aulas hoje? Bem, é melhor não pensar nisso por enquanto: primeiro a vida, depois o dever. Pelo cheiro das pizzas imagino que estão prontas. Volto para a cozinha e pego um pano para tirar a bandejinha quente com as minipizzas. Abro o forno. As pizzas estão prontas. Pego a bandejinha e nisso... aiiiiii. Ouço um barulho no meu ouvido e sinto uma coisa afiada no meu pescoço. O assassino colocou uma navalha na minha jugular. Não penso, reajo, e pego com os dedos uma das minipizzas, viro, ponho na boca dele e lhe digo: "coma". Ele tira a navalha do meu pescoço, come a minipizza e me diz: "Sabe de uma coisa? Você está louco". Sorrio nervosamente e lhe dou outra minipizza. Ele come. Continua comendo por um tempo. Tem o cabelo meio molhado e a toalha ao redor do dorso. Penso que se cumpriram as duas primeiras partes do primitivo plano de salvação, e agora resta o terceiro passo. Como ele já havia tomado banho e comido, agora deveria gozar. Depois dormirá um pouco e verei de que maneira o levarei a Manhattan quando despertar. Vou falando amistosamente com ele enquanto nos dirigimos para o quarto. Ele põe o braço sobre meus ombros e me diz que sou muito gente boa. Repete duas vezes para mim: "Você me cai muito bem. É gente boa". Sorrio e continuo falando com ele em tom amistoso. Tira a toalha e já tem uma ereção, mas apesar de ter nu diante de mim o homem mais bem apessoado, mais bem formado e *sexy* do mundo, não sinto a mínima atração, só sinto um calafrio que me soa como uma campainha nos ouvidos. Vamos para a cama. Confessa-me que tanto mulheres como homens, quando o veem nu, dizem que é superdotado, mas que isso não importa muito a ele, porque se sente sempre muito infeliz. Digo-lhe que deve se orgulhar de ser tão atraente e além disso tão simpático e conversador. Ri com óbvio prazer. Começa o jogo sexual. Vejo que deixou a navalha fechada perto das calças que jogou em uma cadeira do quarto. Embora não sinta nada de excitação sexual, finjo que estou fascinado com seu corpo. Ele nota que não estou excitado e me pergunta o que está acontecendo comigo. Digo-lhe que estou cansado e que às vezes sou algo impotente, mas que apesar disso sinto enorme prazer tocando um homem atraente como ele. Parece que se conforma com a resposta. Masturbo-o até que goze. Dorme poucos minutos depois, mas eu continuo acordado e totalmente aterrorizado.

São nove e meia da manhã de sexta-feira. O que fazer com as aulas do dia? Não quero deixá-lo no apartamento e ainda não acordou. Sempre pensei que um professor não deve faltar à aula exceto em um caso muito extremo. Este é um caso muito extremo. Desperta às onze, quando faltam apenas duas horas para que comece minha primeira aula na universidade. Digo-lhe que o café da manhã está pronto. Comemos algo e na mesa digo a ele que pode ficar sozinho no apartamento por algumas horas até que eu volte do trabalho. Não me diz nada mas é óbvio que não gosta do que acabo de lhe dizer. Levanta-se da mesa. Está completamente nu. Vai para o quarto. Volta para a mesa com a navalha aberta na mão. Não sinto medo, ou de tanto medo por tantas horas de terror estou catatônico. Ele me diz que eu o tratei melhor do que qualquer pessoa o tratou em sua vida e quer ficar comigo ali e que não posso sair para nenhum lugar, pois se tentar escapar, vai me matar. Vai até a porta do apartamento e se certifica de que está fechada com chave. Ele me diz que para que me permita sair ele tem que ir comigo, mas não posso sair por minha conta porque não confia em mim. Gira a navalha diante do meu rosto e repete a ameaça. Nesse momento, compreendo que estou sequestrado por tempo indeterminado.

Depois dessa conversa, não me lembro dos demais detalhes desse dia. Sei que em algum momento liguei para a secretária do departamento para dizer que cancelasse minhas aulas, porque estava com febre e me sentia muito mal. Embora nunca faltasse às aulas, ela não se surpreendeu, talvez pensando no que já se havia espalhado na universidade sobre minha doença cardíaca. Também me lembro de que em algum momento, aproveitando que ele estava no banheiro, liguei para Silvio na

Pensilvânia e contei a ele o que estava acontecendo. Como de costume, Silvio deu uma solução delirante: tinha que convencer o assassino a ir comigo à estação de trem Pensilvânia, em Nova York, para encontrar um amigo (Silvio) que estava muito interessado em conhecê-lo. Silvio viria da Filadélfia, e ele, o ser e eu nos encontraríamos na estação. Ele me assegurou que sabia como resolver esse problema. Acreditei nele e assim o fiz, mas Silvio nunca apareceu na estação, e eu não me atrevia a fazer nada, nem a chamar um policial (o que iria dizer a ele?), nem a correr (podia correr mais do que eu), nem a me perder (não me soltava nem um minuto). Para meu horror, nesse sábado tive que retornar com ele a meu apartamento em Bridgeport. Voltei a falar com Silvio por telefone, e ele me assegurou que sim havia estado na estação, mas que havia chegado tarde e não tínhamos nos encontrado. Não acreditei nele, pois fazia essas coisas com frequência.

Recordo que no domingo consegui convencer o assassino para que fosse comigo outra vez a Nova York para ver um filme fabuloso que estava em cartaz em um cinema na Broadway. Ele concordou, e nos dirigimos até a grande cidade. Meu plano, outra vez, era bastante primitivo e delirante. Iríamos ver um filme no qual um assassino saído de um manicômio vai matando várias mulheres. A ideia era que aquilo o iria fascinar tanto pela semelhança com sua própria psique que se extasiaria em certas cenas e eu poderia desprender-me dele por um momento e dizer que iria ao banheiro e de lá sair correndo e escapar.

Chegamos a Manhattan e estacionei o carro a algumas quadras da Broadway. Caminhamos até o cinema. Quando o filme estava em um ponto culminante e o vi arrebatado, levantei-me, pus no assento vazio o casaco de tecido tcheco que Mamãe havia me dado antes de sair de Cuba (eu já havia contado a esse indivíduo o quanto esse casaco significava para mim porque era a única coisa que me restava do que Mamãe havia me dado antes de minha partida), e disse a ele que iria por um momento ao banheiro. Não me disse nada. O cinema estava lotado. Assim que chego ao banheiro, penso: "aqui Deus pôs a mão em mim", e saio do cinema correndo rumo ao lugar onde estacionei o carro. Não estou de casaco, mas não sinto frio. Finalmente, do outro lado de uma rua larga (acho que é a Columbus Avenue), avisto o carrinho branco e vejo que outros carros estacionaram coladíssimos na frente e atrás do meu. Corro até o carro, ligo-o e nisso vejo pelo espelho retrovisor do carro o assassino correndo até onde estou com o casaco tcheco vestido, mas aberto. O semáforo da rua larga fica verde e ele não pode atravessar. Continuo empurrando os carros que imprensaram o meu. Bato neles com meu carro porque não posso sair com o pouco espaço que tenho. Continuo batendo nos carros. O semáforo fica vermelho e o assassino começa a atravessar a rua apressadamente. Empurro mais e mais e finalmente consigo sair do atoleiro. Acelero o carro o máximo que posso e acho que não deixei de acelerar até chegar a Connecticut. No dia seguinte, disse ao síndico do Embassy Towers que havia decidido fazer o que ele havia me sugerido e que me mudaria imediatamente do edifício. Logo comecei a empacotar as coisas e alguns dias depois estava morando em outro apartamento em Bridgeport.

Assim ocorreu esse sequestro no qual estive a ponto de perecer. Por vários anos, pensei que 1972 havia sido o pior ano de minha vida. Claro, isso porque então não sabia o que me esperava em 1983 e 1984.

❧ *Areíto* ❧

Em meados da década de 1970 (não me lembro em que ano exatamente), conheci Lourdes Casal, que então já estava começando seus contatos com Cuba. Lourdes era uma pessoa muito especial: era uma líder natural com um grande senso de missão na vida. Guardadas as distâncias, tínhamos em comum que ela também tinha sido dirigente da Juventude Católica cubana antes de sair da ilha. Agora havia adotado uma postura muito controversa do ponto de vista dos cubanos exilados, pois propunha abertamente que deveria haver melhores relações entre Cuba e os Estados Unidos, e entre os cubanos da ilha e os do exílio. Esse era seu cavalo de batalha, e lutou por ele sem trégua nem medo. Mas não estava sozinha; nessa época, vários outros cubanos exilados de Nova York, Miami e Porto Rico nos unimos aos objetivos de Lourdes. Como líder desse grupo, ela abriu a brecha e visitou Cuba, começou a agrupar os que pensávamos como ela na organização político-cultural que se chamou Areíto, a qual logo começou a publicar uma revista de mesmo nome. A palavra *areíto* refere-se a umas danças e ritos dos índios do Caribe que viviam em Cuba quando os espanhóis chegaram à ilha. O nome portanto se referia retoricamente a algo que ia às raízes do cubano (se é que isso existe), e daí se partiu para desenvolver toda uma série de atividades políticas e culturais voltadas para melhorar as relações dos cubanos das duas margens.

Já em 1976, o movimento político cujo centro era Areíto e suas cercanias, com Lourdes como líder principal, havia começado a prosperar. Não vou contar a história do movimento porque várias pessoas já o fizeram. Só me referirei ao que me toca diretamente e aos eventos que mais me afetaram no âmbito pessoal, ou melhor dizendo, dos que me recordo neste momento. Mas antes de entrar nesse tema, gostaria de me referir a outras coisas de que me recordo de 1976, e que têm a ver, como uma espécie de contexto, com minha relação com Areíto. Devo dizer que o ano de 1976 foi extremamente bom e positivo para mim. Foi então que a Universidade de Fairfield me promoveu a Professor Associado, o que me assegurava que no ano seguinte me dariam a permanência. Isso mudou minha vida de várias maneiras, pois não só pude me libertar por completo da constante ameaça de Jerry, mas também pude me dedicar a fazer meu trabalho profissional e pessoal sem a pressão terrível desse período probatório que são os primeiros seis anos dessa carreira. Essa também foi uma das ocasiões em que mais me entusiasmei com uma campanha presidencial nos Estados Unidos, pois Jimmy Carter havia sido nomeado pelo partido democrata e me pareceu desde muito cedo que era um político dos mais éticos e sinceros que havia visto neste país quanto a assuntos relacionados à pobreza do mundo, os direitos civis e certas questões internacionais. Eu adorava ler sobre a mãe de Jimmy Carter e seu trabalho com os pobres da Índia. Não só votei em Jimmy Carter mas também apoiei sua campanha como algo especial. Em outras palavras, havia me americanizado de tal maneira nessa época que já me sentia parte do sistema eleitoral norte-americano para além da questão cubana. Foi precisamente a política de abertura de Carter com relação a Cuba que permitiu que Areíto alcançasse alguns de seus objetivos. Quando Reagan chegou ao poder em 1981, as coisas mudaram, pois o ambiente conservador republicano afetou o processo de relações com Cuba e ainda o trabalho político de Areíto. Isso posto, devo declarar que minha simpatia por Carter não quer dizer que antes não tivesse tido meus candidatos favoritos. Recordo que preferi Johnson a Goldwater, McGovern a Nixon, e que sempre estive muito do lado dos candidatos democratas liberais e contra os republicanos conservadores. Disso não havia dúvidas. Devo intercalar aqui que quando cheguei aos Estados Unidos em 1962, os negros ainda tinham que viajar na parte de trás dos ônibus, e eu gostava de me levantar do meu lugar e oferecê-lo a uma senhora negra. Claro que, com o passar do tempo, me dei conta de que os brancos americanos também me consideravam uma "pessoa de cor". Posso dizer, sem temor de que isso soe a clichê liberaloide, que me senti extremamente orgulhoso quando me vi classificado entre as "pessoas de cor". Relacionar-me não só política mas também racialmente com Martin Luther King era motivo de verdadeiro orgulho para mim, pois minha admiração pelo grande líder dos direitos civis era absoluta. Mas quanto a minhas tendências políticas dentro do sistema norte-americano, também recordo que nas eleições de McGovern contra Nixon, Silvio, sempre mais radical que eu, insistia que McGovern era quem tinha as melhores ideias. A verdade é que titubeei bastante em estar a favor de McGovern porque me parecia radical demais, mas acabei votando nele. Depois veio toda a questão do Watergate, que é uma história mais do que conhecida e a vivi intensamente porque detestava Nixon.

Quero acrescentar sem nenhum titubeio que também já em meados dos anos 1970, impressionava-me positivamente que o governo de Cuba tivesse conseguido oferecer escolas e atendimento médico gratuito a toda a população; que as diferenças de classe tivessem diminuído; e que o racismo fosse condenado pela política oficial cubana. Claro que rejeitava a falta de liberdades civis predominante em Cuba, o que me parecia absolutamente imprescindível para o governo de uma sociedade de nossa época. Conto tudo isso para pôr em perspectiva o que estava passando pela minha cabeça quando andava em minhas atividades relacionadas com o grupo Areíto.

Isso posto, voltando à parte íntima de minha história, recordo que em 1976 Lourdes Casal veio me visitar em meu apartamento em Milford, Connecticut. Ela havia me dito que chegaria em torno da hora do almoço (meio-dia ou uma da tarde), e eu adorei o anúncio de tal visita, pois desde então já a admirava muitíssimo, e havia conversado com ela em Nova York em várias ocasiões. Havíamos ficado amigos. Foi em um domingo que me visitou e, claro, Silvio e eu (era verão e Silvio vinha passar todos os verões em minha casa) havíamos ido para a farra na noite anterior em um bar gay do Bronx que se chamava Betsy Ross (nome da pessoa que se supõe que desenhou a bandeira norte-americana; pode-se encontrar o patriotismo em qualquer lugar!). Ali havíamos encontrado um amigo de infância de Manzanillo, mas não demos muita atenção a ele pois estávamos entusiasmados demais com a pequena sensação que havíamos causado os dois entre uns jovenzinhos gays peruanos. Creio que tal sucesso se deveu ao fato de que nessa noite havíamos resolvido parecer supermachos (na roupa, nos gestos, tudo puro teatro) e além disso éramos novos no lugar, o que é sempre muito bem recebido nesses bares. Bem, a questão é que Silvio e eu levamos dois dos peruaninhos para meu apartamento em Milford. Nem é preciso dizer que fizemos sexo com eles, como era de se esperar. Devo acrescentar que meu parceiro tinha um bico de ouro que comeu meu cérebro, pois me disse tantas maravilhas na cama que fez eu me sentir como *superman*. *Enfatuei-me* com ele nessa mesma noite, já que, como disse em outra ocasião, a sexualidade e a vaidade vão quase sempre de mãos dadas, pelo menos no meu caso. Acordamos no domingo um pouco tarde, e pedi a Silvio que pelo que mais amava, levasse os dois garotos de volta a Nova York porque eu tinha que receber Lourdes que estava para chegar. Assim o fez, mas recordo vagamente que Lourdes chegou um pouco antes de que Silvio partisse com os garotos. Claro que, como era lésbica, aquilo para ela não era nenhum escândalo.

Passado esse incidente doentio, dediquei essa tarde inteira a conversar com Lourdes, que estava muito interessada em tomar banho na prainha de Milford enquanto conversávamos. Fomos para lá e conversamos durante horas. Falamos de política e de alguns amigos comuns que estavam no mesmo campo profissional que eu, especialmente de Roberto González Echevarría. Recordo com clareza de ter dito a ela que achava que Roberto era uma verdadeira estrela emergente no campo da crítica literária hispano-americana, e que sua importância na profissão aumentaria rapidamente. Não estava enganado quanto a isso. Desde esse momento, participei ativamente das atividades de Areíto e me dediquei a trabalhar a favor da causa para melhorar as relações entre os cubanos da ilha e os do exílio. Ia a Nova York a quantas reuniões de Areíto havia, e tão logo saiu a revista, publiquei nela alguns poemas escritos nessa época. Pertenci ao conselho editorial da revista. Depois também fui um dos fundadores do Círculo de Cultura Cubana, uma organização próxima em ideias e metas a Areíto. Por todas essas atividades, pagaria o preço mais tarde.

∞ *Regresso a Cuba* ∞

Em 1978, a atividade política do grupo Areíto era verdadeiramente intensa, delirante, e junto com o governo cubano foi organizado um diálogo entre cubanos das duas margens. Esse evento consistiu em um grupo de cubanos exilados que participou de um diálogo com representantes do governo cubano para discutir alguns pontos de interesse comum. Entre esses cubanos exilados, havia intelectuais, banqueiros, homens de negócio, professores, artistas, figuras políticas e sacerdotes que, embora de diversas posições políticas, coincidiam em que todos eram contra o bloqueio econômico e cultural imposto a Cuba pelos Estados Unidos e em que, além disso, queriam melhorar as relações entre os cubanos de lá e de cá. Então foi organizada uma viagem à ilha, sancionada e em grande medida dirigida pelo governo cubano, durante a qual o grupo de cubanos exilados e alguns representantes da ilha discutiram assuntos concernentes às relações entre ambos. Entre esses assuntos, sobressaiu-se a possibilidade de que os que viviam no exílio pudessem viajar com certa facilidade à ilha, o que foi uma conquista desse diálogo que persistiu até os dias de hoje. A partir desse acordo, mais de cem mil cubanos exilados visitaram Cuba em um período de menos de dois anos. Todos esses preparativos foram sendo feitos durante esse ano, e na realidade houve dois diálogos, um no mês de novembro e outro em dezembro. Eu fui no de dezembro.

Lembro-me do frenesi em que vivi durante os meses anteriores a dezembro de 1978. Como haviam me convidado para fazer parte do diálogo, dediquei-me a contatar o maior número de cubanos exilados para propor a eles que participassem desse evento, ou pelo menos que dessem seu apoio a tais atividades. Claro, o primeiro que convidei foi Silvio, o qual imediatamente ficou muito nervoso diante da expectativa de ir a Cuba. Tão logo recebi a ligação informando que eu estava na lista de convidados que participariam do segundo diálogo que ocorreria, se não me engano, durante a segunda semana de dezembro desse ano, fiz o que tinha planejado havia tempos. Tinha planejado havia anos que se conseguisse voltar a Cuba desfrutaria cada passo, cada detalhe desse regresso. Tinha um plano minuciosíssimo em que imaginava todos os pormenores. E assim o fiz quando me inteirei de que agora sim o regresso iria ser de verdade e não só em minha imaginação. Lembro-me de que desfrutei o momento em que entrei no carro para ir a New Haven onde ficava o escritório de telegramas da Western Union mais próximo. Até esse momento de entrar no carro eu havia previsto, e o restante também: entraria no escritório; diria ao funcionário que queria mandar um telegrama para Cuba; no telegrama poria (pus) o seguinte:

> Chego a Havana dia ___ de _____.
> Irei a Manzanillo. Estou louco para vê-los.
> Carinhosamente.
> Emilio

Só tive que preencher os espaços da data. Cheguei à Western Union, mandei o telegrama, paguei, saí do estabelecimento, e quando me dirigia até o carro já caminhava entre nuvens. Iria voltar a ver Madrinha e meus primos, talvez fosse a Manzanillo também, visitar o túmulo de Mamãe, Nina e Vovô. Aquele sim era um momento importante para mim.

Enfim, seguimos com a obsessão da viagem a Cuba até que a 6 de dezembro, voamos para Atlanta onde o governo cubano, com a aprovação do governo de Carter, havia enviado um avião da Cubana de Aviación para nos levar. Éramos 144 cubanos exilados que íamos nessa viagem. Em Atlanta passamos várias horas em um salão do aeroporto bastante afastado, já que se temia que outros cubanos exilados em desacordo com nossa postura cometessem algum ato de violência contra nós ou contra o avião da Cubana de Aviación. Haviam ocorrido vários atos de terrorismo de cubanos exilados nesses anos. Um jovem cubano, Carlos Muñiz Valera, que pertencia ao nosso grupo, foi assassinado em Porto Rico nessa época por um grupo direitista.

O governo cubano havia enviado como anfitriã representante de Cuba nada menos que a primeira bailarina absoluta Alicia Alonso, a qual se esmerou em se portar com a maior diplomacia e amabilidade conosco. Havíamos chegado a Atlanta na tarde desse dia, mas as coisas foram demorando e já começava a escurecer. Finalmente anunciaram que podíamos entrar no avião. Uma vez dentro, imediatamente notei um ambiente de enorme alegria, de entusiasmo transbordante por parte dos participantes. Era como uma festa. Regressávamos a nossa pátria, a nossos lares, a nossas famílias. As aeromoças nos ofereceram bebidas típicas cubanas e nos atenderam extraordinariamente bem. O ambiente festivo era sincero e quase incontrolável. Falávamos alto, fazíamos brincadeira, ríamos. Para mim, tratava-se do regresso depois de dezesseis anos sem ver Cuba, sem ver minha família. Embora Mamãe e Nina tivessem morrido, restavam Madrinha e meus primos que eram como irmãos porque havíamos sido criados juntos. Que sensação indescritível! A única coisa que me ocorre dizer é que era como se estivesse em uma nuvem, flutuando. Tinha um sentimento de orgulho e de êxito, de autorrealização e de sei lá o que mais. Ia ver Cuba e minha família e voltava pela porta principal. Havia saído menino, com uma mão na frente e outra atrás, e regressava como professor e escritor com livros publicados, havia me libertado de medos infantis, havia me liberado. Era um êxito fenomenal para mim. A política mal me passou pela cabeça nesses momentos. A única coisa que me preocupava um pouco era a questão gay. Não é que eu pensasse em fazer nenhuma confissão a minha família, mas e se me perguntassem por que não havia me casado? Por que não tinha namorada? Teria que voltar a mentir sobre esse assunto? Aterrorizar-me diante de tais perguntas? Tratei de deixar de lado essas preocupações.

Não me recordo quanto durou o voo desde Atlanta, mas me pareceu curto pela conversa animadíssima que tínhamos e pelos drinques. Chegamos a Havana em torno das oito da noite. Havia um monte de jornalistas e de câmeras de televisão quando descemos do avião. Eu, talvez mostrando meu provincianismo, havia comprado um terno muito bonito para a ocasião. Ia vestido como um príncipe para visitar um país comunista tropical, mas a vida é assim. Ao chegar ao hotel Riviera, onde nos hospedamos, vi uma aglomeração e logo soube que se tratava de cubanos desejosos de ir embora do país e que achavam que nós podíamos ajudá-los nesse sentido. O governo cubano, como um gesto positivo em direção a nós e ao diálogo, havia libertado da prisão mais de três mil presos políticos e havia permitido a eles que fossem ao hotel Riviera falar conosco. Até o famoso poeta dissidente Heberto Padilla fazia parte dos que nesse momento nos pediram que os ajudássemos a sair do país. Aquilo me traumatizou muito, me doeu e me desconcertou. Ouvi que uma mulher no meio do tumulto apontou para mim e disse: "olha esse como está bem vestido". Senti horror, e a realidade política, cultural e econômica me bateu forte.

Nessa primeira noite, passei horas falando com outros dos cubanos de cá e de lá. Mal pude dormir, embora tivesse ido para a cama de madrugada e estivesse cansadíssimo. No dia seguinte, depois do café da manhã, saímos para passear pela cidade em ônibus que estavam preparados para nós. O *lobby* do hotel estava constantemente repleto. Em algum momento, nos informaram que teríamos a primeira reunião nessa tarde com Ricardo Alarcón (creio que nesse momento era o embaixador de Cuba na ONU) e outros membros do governo cubano. Na hora indicada (às três?), saímos de ônibus rumo ao Palácio Nacional onde ocorreria a reunião. Mas não íamos sozinhos, pois cada um dos visitantes tinha designado um "assistente" ou "anfitrião", que se ocupava de nos facilitar qualquer questão prática de que precisássemos. Esse anfitrião velava por nós em todos os momentos e em todos os sentidos, e, claro, não era preciso ser um gênio para perceber que se tratava de um membro da segurança do Estado cujo principal objetivo era saber o que fazíamos e como pensávamos. Percebi isso mas não me preocupei muito porque não vinha fazer nada ilegal nem tinha nada para esconder.

Finalmente, na tarde de 7 de dezembro, saímos rumo ao Palácio Nacional para participar da reunião. O salão designado para o evento era grande e tinha assentos em várias filas voltadas para uma mesa enorme onde se sentaram Ricardo Alarcón e outros membros do governo cubano. Nós estávamos nos assentos voltados para a mesa. Recordo que houve várias discussões sobre assuntos que interessavam a ambos os grupos sobre as relações entre os cubanos das duas margens, sobretudo no concernente às visitas de cubanos exilados à ilha. Os representantes do governo cubano pareciam estar de acordo com a ideia central, mas apontavam que não todos os cubanos exilados podiam visitar Cuba porque alguns haviam cometido crimes contra o Estado ou eram delinquentes comuns. Houve uma pausa, e foi então que recordo haver falado com María Cristina Herrera e Marifeli Pérez Stable[*] sobre o que estava sendo discutido, e ouvi que María Cristina tinha objeções muito fortes à posição dos representantes do governo cubano. Voltamos a nossos lugares e logo se anunciou que o presidente e comandante em chefe da República de Cuba e líder máximo da revolução, Fidel Castro Ruz, estava para entrar no salão para participar da reunião. Ele entrou com aquela atitude de líder ditador seguro, seguríssimo de si mesmo, como quem está dizendo "eu sou o que sou". Recordo que desde esse momento Fidel falou tanto que nenhum membro do governo cubano disse quase nada durante o resto da reunião, a qual continuou como uma semidiscussão

---

[*] Líderes políticas cubano-americanas.

entre Fidel e alguns dos cubano-americanos. Eu não disse nenhuma palavra durante toda a reunião, que se estendeu até a madrugada, quando se anunciou que o chefe de Estado tinha que ir para o aeroporto para receber um líder africano que vinha visitar Cuba. Assim terminou essa primeira sessão. Sei que no final das duas reuniões desse diálogo, foram acordados vários pontos entre os quais se sobressaiu o das autorizações de vistos para que os cubanos exilados pudessem visitar o país de vez em quando. Da segunda vez que nos reunimos, ou seja, da reunião do dia 8, não guardo nenhuma recordação. Minha memória se volta imediatamente para o encontro com minha família. Mas também me lembro de um sonho recorrente que tive nesses dias e que contarei a seguir.

No portal de um casarão de campo rodeado de árvores grandes e úmidas, estamos sentados conversando aprazivelmente. O olhar deixa ver um espaço semicircular aberto à frente do casarão. Esse espaço está coberto por uma grama muito verde e úmida, muito bem cortada. No meio do semicírculo há um lago como de prata. Falamos devagar, como amigos. Já está muito grisalho. Pergunto-lhe como se sente um personagem tão superfamoso, quase uma lenda em vida, quando está sozinho. Ele me diz que passa a maior parte do dia elucubrando sobre estratégias políticas. Explica-me com riqueza de detalhes coisas de sua infância, coisas que eu já sei pelos programas de televisão sobre ele e pelos múltiplos livros sobre sua vida. Falamos por muito tempo. Estava vestido com seu uniforme costumeiro, mas o tecido do uniforme, visto de perto, era muito fino e elegante, como de Christian Dior. Também o quepe era do mesmo material. Ele me ouvia sempre com atenção, e fazendo gestos e movendo os olhos. De tudo o que disse nessa tarde, só uma coisa me desconcertou, e foi quando disse: "Vou pedir a Juana que me faça um pudim de leite para amanhã". Então seu rosto começou a se parecer cada vez mais com o do meu primo Beto. Perdi o interesse, e com roupa e tudo mergulhei no meio do lago de prata. Quando saí do outro lado já estava em outro mundo. Todos os que estavam no trem que leva a Greenwich Village em Nova York pareciam distraídos em seus mundos. Devem ter pensado que eu estava louco pelo sorriso que trazia, mas pensava: "se vocês soubessem com quem acabo de conversar longamente…".

❦ *A Família Outra Vez* ❦

Como os "dialogueiros" havíamos saído nas primeiras páginas da imprensa cubana, em que apareceram nossos nomes e fotos, convertemo-nos em pessoas célebres em toda a nação em um único dia. Recordo que em algum momento no meu quarto de hotel, me telefonaram para me dizer que meu pai estava me esperando no *lobby*. Tive uma sensação estranha porque, como já disse, quase não havia tido relação alguma com ele e talvez nem sequer o reconhecesse, já que depois das duas ou três vezes que o havia visto em 1961 e 1962 haviam passado dezesseis anos sem nenhuma comunicação entre nós, nem cartas, nem retratos, nem nada. Desci de elevador, bastante nervoso. Quando cheguei ao *lobby*, que continuava repleto de gente, não reconhecia quem era meu pai. Não obstante, ele vinha com um senhor que me conhecia, o qual se aproximou de mim, olhou para o meu pai e lhe disse: "Emilio, aqui está seu filho Emilinho homem feito". Meu pai e eu nos abraçamos de maneira bastante rude, embaraçosa, e depois de nos dizermos algumas frases sem sentido, me disse que havia me visto no jornal e que todo o bairro havia ido a sua casa para lhe dizer que seu filho era um dos "dialogueiros". A mim, a quem nunca as palavras faltaram, não ocorria o que dizer. Fomos tomar uns tragos no restaurante do hotel e ali me disse que queria que eu ficasse em sua casa quando voltasse a Cuba para visitar, que era meu pai e queria ter uma relação estreita comigo daí em diante. Como nunca fui nada rancoroso, nesse mesmo instante abandonei qualquer possível sentimento negativo que tivesse por ele e aceitei sua oferta sem mais delongas. Além disso, com minha obsessão de voltar a visitar Cuba frequentemente e o pouco dinheiro que tinha, aquela oferta caía como uma luva e eu disse a ele que sim, como não. Ele me deu seu endereço e telefone, me disse que sua casa era muito bonita (isso eu já sabia porque tinha estado ali uma vez antes de ir embora em 1962), que a haviam confiscado de uns batistianos ricos emigrados para Miami no início da revolução (o que eu também sabia), e me assegurou que eu me sentiria em casa. Falamos de sua esposa Iluminada e de minha família de Manzanillo, voltou a me contar algo sobre seu pai, meu avô paterno, e como saiu de Sevilha no fim do século XIX porque seu pai, meu bisavô, era muito tirano com ele, que havia saído com um amigo quando era um adolescente. Repetiu-me de novo, algo modificada, a história de quando recebeu a notícia de meu nascimento e era empregado dos americanos na base naval de Guantánamo. Repetiu-me também, algo comovido, que quando criança havia perdido sua mãe. Isso me emocionou, mas mudei de assunto e lhe disse que eu achava que Madrinha e outros da família de Manzanillo iriam a Havana para se encontrarem comigo e que nessa mesma tarde esperava uma ligação de uns amigos da família residentes na capital, com quem meus familiares ficariam durante sua estadia em Havana. Despedi-me dele com muito mais carinho que nunca, ou melhor dizendo, com um carinho que nunca havia tido por ele. Minha amizade com meu pai havia começado a crescer e aumentaria progressivamente até sua morte muitos anos depois no início da década de 1990, quando já o havia visitado tantas vezes que éramos unha e carne. Passado algum tempo, depois desse reencontro, escrevi o seguinte poema no qual falo como se meu pai estivesse falando comigo:

Filho
Minha história
        Como todas
            É algo diferente
E me envaidece que insista que a conte a você
Sem reparos

Papai, ainda jovenzinho
Teve que sair de Sevilha
Porque derrubou o cavalo branco de seu pai
Que era um personagem de Amadis
Isso era o que ele me dizia
E vai saber...
Derrubou o cavalo de seu pai
No mesmo dia em que os vendedores de jornal
Gritavam a plenos pulmões
Que havia eclodido outra vez a guerra em Cuba
Então ele procurou seu melhor amigo e lhe disse:
"vamos para Havana escondidos
no barco de guerra que sai amanhã"
O amigo pediu a ele que lhe explicasse o motivo
E papai lhe respondeu sem titubear:
"temos que conhecer o mistério das ilhas".

O que perde a mãe antes de se tornar homem
Sai tremendo de frio como se estivesse nu
Em meio a um pedaço de gelo
Depois se refugia nos amores
Que nunca são a mesma coisa
Foram embora dormindo todas:

        Daisy
        Aracelis
            Sua mãe...
Ainda tenho a Iluminada que ficou
Para lhe contar histórias sobre mim
Porque já não posso contar sem me enganar
Eu gosto muito de viver
Porque isso de morrer...
Paro, agora falemos de quando você nasceu
Que sua tia Fefita conta à sua maneira
Como tudo o mais
Eu vivia então em Guantánamo
Trabalhando com os americanos
Que içavam sua bandeira colorida
Enquanto eu tinha vontade de vomitar
Sua mãe me mandou a pomba
Com o anúncio de seu nascimento
Fiquei muito contente
Contentíssimo
E fui tomar uns tragos
Com um companheiro de farra antes de partir
Comecei a cantar e dizer que meu filho
Havia nascido
Não pude vê-lo até que você veio
Quase homem com os olhos saltados
Dizendo que queria cruzar o mar
Mas agora que está de volta
Conversando comigo
Que é a única coisa que me resta para fazer
Peço-lhe que quando escrever essas coisas
        Me mande sempre uma cópia
Não vá pôr algo inexato
Ou errado

Eu tenho boa memória
Apresse-se a escrever tudo isso
E que eu apareça nesse romance ou poema
Que você escreve
Que talvez fiquemos famosos

✼ *Outros Encontros* ✼

Depois do breve encontro com meu pai, faltava o mais importante: reunir-me com minha tia madrinha e meus primos. Nessa mesma tarde, recebi a ligação de uma amiga da família para me dizer que à noite chegariam a Havana Madrinha e vários de meus primos; haviam saído de Manzanillo em dois carros, e como a viagem demorava quase dois dias pela estrada, haviam parado no povoado Florida, na província de Camagüey, onde mora outro de meus primos, para passar a noite anterior e nessa manhã continuar a viagem rumo à capital. Tudo aquilo me parecia um sonho quase inacreditável. Embora faltassem algumas horas para que chegassem e estivesse envolvido em conversas com outros membros do diálogo, não podia pensar em outra coisa senão no encontro com Madrinha. Imediatamente comecei a falar com meu anfitrião para pedir a ele que comunicasse às autoridades cubanas que queria ir a Manzanillo com minha família por alguns dias e portanto precisava de uma prorrogação do visto. Sabia que isso não estava no programa, mas não me importava, tratava-se de uma oportunidade de ouro que eu não ia desperdiçar. Era certo que talvez voltasse logo a Cuba e visitaria com mais calma meu povoado e os restantes membros da família, mas e se isso não acontecesse? E se todos aqueles acordos do diálogo não se tornassem reais? Ia tentar ir a Manzanillo de qualquer forma. Meu anfitrião desconcertou-se um pouco, e logo imaginei por que: como iria me vigiar durante essa viagem? Mas ocorreu que não tive que insistir muito, e me deram a permissão para ficar em Cuba por vários dias mais e visitar meu povoado. Agora havia que esperar que coubesse em um dos carros em que meus familiares vinham.

Já eram oito da noite e nenhuma ligação da minha família. Oito e meia e nada. Até que em torno das nove tocou o telefone do meu quarto de hotel e ouvi a voz da amiga havanesa que me disse que minha família já havia chegado, cansadíssima, e que Madrinha queria falar comigo. Ouvi uma voz de idosa do outro lado do telefone. Disse-me que estava louca para me ver, que haviam dirigido por mais de dois dias para chegar até Havana, que fosse vê-la no dia seguinte, porque não aguentava mais de cansaço. Quando desliguei o telefone, comecei a chorar inconsolavelmente. Sua voz havia me parecido de tão velhinha, tão cansada, como de além-túmulo. Era certo que já tinha quase oitenta anos, mas não esperava ouvir essa voz tão frágil e com esse tom dissonante de certas pessoas de idade muito avançada. Lembro-me que pensei algo muito melodramático: "Como a vida é cruel!".

No dia seguinte, fui vê-la. Madrinha não parecia tão mal como na noite anterior no telefone, e isso me animou. Os beijos e abraços eram incansáveis. Falamos tanto entre todos nós que já não havia mais energia para falar, mas continuamos sem querer nos despedirmos. Combinamos que no dia seguinte, todos subiríamos nos carros como pudéssemos e dirigiríamos até Camagüey, onde passaríamos a noite para depois seguir rumo a Manzanillo. Assim fizemos. Nessa noite da véspera da viagem, comecei a compor o seguinte poema para Madrinha:

>Regressar ao lugar de origem
>É algo perfeitamente sério

Recolher ou querer recolher
Os pedacinhos do espelho esparramado
É inventar uma história que nos escapa
E nos escapa como areinha fina
Entre os dedos
Mas temos que tentá-lo
Entre matagais
Madrinha ainda me esperava
Com seus lábios enrugados de sabedoria
Murcha e astuta
Intensa e cansada
Contadora de histórias que eu transcrevo
      Com precisão de pena refinada
E me mostrava conchinhas rosadas
Na verdadeira praia
Enquanto íamos erguer
      Um trono de *yarey** para os bons
Mas a implacável morte mordia
      E multiplicava um céu
      Maior que sua pele
E havia que se apressar para fugir do cimento
      E da tribuna gelada
E regressar à paisagem conhecida ou desconhecida
Desmoronava o pequeno edifício
      De sua viagem e da minha
Enquanto eu insistia em reconstruir
Com borboletas e palmas a terra quase nossa
A revolução e Madrinha
Madrinha e a revolução que se cansavam
Intensa e astuta e murcha

---

* Arbusto das Antilhas semelhante à palmeira, cujas folhas são usadas para fazer um tecido fino, usado para chapéus leves e outros adereços. (N. T.)

Onde os brancos e os negros
Os pobres e os ricos
Aspiraram uma vez ao mesmo posto entre deuses
E cheguei só
Com a recordação nas costas
E uns desejos incontroláveis
De continuar escrevendo o que Madrinha contava
Mas enquanto a revolução nascia e desnacia
No centro de um poema
As vitrines de luxo de Miami
Ganhavam a batalha com seu romance
Tumultuoso e brilhante
Tratava-se de um degelo ou desmoronamento
De todo princípio de estabilidade
Então me disse: tenho duas pátrias
E me disse: na realidade nada foi planejado
Com réguas e compassos
Na realidade eu não sabia o que estava acontecendo
Nem contei a meu avô que semearia hieróglifos
Em outras terras
Nem adivinhei o planeta que Madrinha me apontava
Pendurada em uma escada
Eu não sabia nada ou quase nada
Quando a revolução chegou
Cheia de boinas e canções
Nem imaginava o delírio que me causaria
A recordação dos pescadores
Que teciam orações com espinha de peixe
Eu ignorava a estrela ou bosque
Que me envolvia no vidro
De um novo universo que falava em geringonça
Que me reduzia e ampliava como um polegarzinho
Das histórias de Alice

Eu não sabia de que fruta iria pender
Quando você surgisse do meio do mar
Com algas como cabelos e pele de conchas
Eu não sabia quando lia seus versos
Que tremeria em minha ilha
Interminável e furiosa
Espalhando jasmins entreabertos
Nem sabia que escreveria
Que escreveria…

Manzanillo

Parece-me que foi no dia 9 de dezembro que saímos Madrinha, meus primos e eu em dois Ladas (carros de fabricação russa parecidos com os antigos Volvo) rumo a Camagüey. Íamos apertados, mas embora nunca tenha gostado de viajar e as condições dessa viagem fossem verdadeiramente precárias, nessa ocasião me parecia que tudo era perfeito porque estava rodeado das pessoas de que mais gostava e as quais eu não via desde que era adolescente. Lembro-me de que falamos de tudo. Meu primo Beto, que fazia parte do governo local em Manzanillo, falava-me de assuntos econômicos do país, e quando passávamos por alguma cidadezinha, dava detalhes do povo, da economia, da história. Beto sempre foi talvez o mais inteligente da família, e desde pequeno o respeitava por isso, e também era muito esquerdista. Era muito mais velho que eu, e me parecia um ancião. Recordo que chegamos a Florida, Camagüey, onde morava Luis, outro de meus primos mais velhos, e depois que falamos e recordamos uma infinidade de eventos do passado familiar, continuaram a preparação de um jantar com muita fartura.

O prato principal era um porco assado no espeto, o que leva horas e horas para cozinhar bem. Não pudemos comer senão muito tarde da noite. Recordo que era tão tarde que tiveram que acender umas luzes no quintal para poder terminar de assar o porco. Por fim, jantamos e conversamos alegremente. Nessa noite dormi muito bem, e no outro dia de manhã senti um friozinho (era dezembro) pela janela e um cheiro de mato que me trazia muitas recordações infantis. Madrinha dormiu no meu quarto e, como é costume na família, tanto ela quanto eu como todos os demais nos levantamos bem cedinho e depois do café da manhã partimos a caminho de Manzanillo.

Essa parte da viagem foi parecida com a anterior: estávamos apertados nos carros e falamos até pelos cotovelos (sempre tínhamos sido uma família tagarela). Houve um momento em que a estrada se bifurcava e havia uma placa que indicava "Bayamo" e outra na outra direção que dizia "Manzanillo". Em um instante, praticamente sem nenhum preâmbulo, comecei a chorar descontroladamente. Não conseguia parar de chorar. Eu, que até aquele momento tinha conseguido evitar o pranto diante deles e queria parecer muito controlado, me descontrolei, saí de mim. Vi que Madrinha também ficou aflita, e quando Rafael meu primo quis me abraçar para me controlar, ela fez um gesto para que ele deixasse eu me desafogar sem interrupção. Chegamos a Manzanillo quando ainda era de dia, e o sol era incrível, ou pelo menos assim me pareceu. Minha primeira impressão foi a de um povoado desajustado, velhíssimo e descuidado, era como uma espécie de Macondo cubana com arquitetura espanhola antiga. Foi difícil me orientar onde estava quando dirigíamos pelas ruas rumo a casa, mas isso não é nada estranho porque minha falta de senso de orientação é lendária entre as pessoas que me conhecem. Quando o carro em que íamos dobrou pelo que tinha sido o Banco Núñez em uma das esquinas da rua Saco que dá para minha casa, me surpreendeu que já tivéssemos chegado. Vieram para a porta de minha casa vários dos demais familiares e nas casas ao lado alguns vizinhos estavam nas portas me esperando. Saí, abracei Juana (a esposa de Beto) e as primas de segundo grau que estavam ali, mas quando entrei em casa, outra vez o pranto. Era algo tão incontrolável que não parecia vir de nenhum lugar, de nenhum pensamento, sem mais nem menos. Era como quem abre uma torneira.

Voltei a me recompor e percorri aquela casa onde havia crescido. Cada detalhe, os arabescos de cada lajota, cada móvel velho, cada quarto, me parecia um mundo de recordações. Ninguém mencionou Mamãe por temor de desencadear outra vez a tempestade de lágrimas, mas ela não saía da minha mente. Também tive Nina nas recordações. Creio que foi no dia seguinte que mencionamos as duas, e já então eu estava muito mais calmo e pude suportar a conversa.

O fato mais extraordinário daquela viagem foi a fila de pessoas do povoado que vinham me ver. Tinham que fazer fila fora da casa, enquanto algum dos meus primos ficava de porteiro, deixando entrar somente grupos pequenos. Na minha casa, nesses dias, não se deixou de coar café um minuto, pois apesar da escassez de tudo, não se podia ser desagradável com as visitas e oferecer café era um rito social ineludível. Haviam se abastecido de café para a ocasião, porque para eles aquela aglomeração não foi total surpresa. Mas o mais surpreendente de toda aquela multidão é que só uns poucos, a minoria, vinha me cumprimentar como o filho pródigo, a maioria deles eram pessoas que ou eu não conhecia ou mal recordava. Vinham porque, por ser eu o primeiro cubano exilado que chegava àquele povoado depois do grande êxodo dos anos 1960, queriam que os ajudasse a sair do país. Mesmo alguns dos que eram amigos e chegavam com a amabilidade e expressividade de quem se alegra ao ver alguém querido ausente por muitos anos, terminavam falando que queriam ir embora do país. Isso era extremamente triste e impactante para mim, e eu disse a todos que achava que não podia fazer nada por eles, mas que se houvesse oportunidade, o faria com todo o interesse possível. Depois de me contar suas vidas e vicissitudes, que eu ouvia com verdadeiro fascínio, deixavam-me seus nomes e endereços em pedacinhos de papelão, e eu os guardava cuidadosamente em minha pasta. Claro que houve vários visitantes que expressaram sua adesão ao governo revolucionário e portanto não mostraram nenhuma intenção de sair do país, mas esses não eram a maioria dos que vieram me ver nesse dia. Beto me dizia que o que ocorria era que os que estavam a favor do governo não tinham nada a me dizer e por isso havia tão poucos deles, mas a verdade é que primavam por sua ausência.

Estive mais alguns dias em Manzanillo e embora não tenha podido visitar o túmulo de Mamãe nessa ocasião, visitei alguns lugares do povoado como o parque Céspedes e a igreja. Também visitei com Beto a Cidade dos Pescadores, antigo Bairro do Mangue, e foi nesse momento que pude presenciar pessoalmente as melhorias enormes que aqueles pescadores haviam conseguido com a chegada da revolução. Os pescadores viviam em prédios de apartamentos de dois ou três andares, com fogões a gás, móveis bastante apresentáveis e dispunham até de um parquinho infantil no centro do bairro. Tudo isso me remetia a minha infância e aos valores adquiridos nessa época. Aquela gente superpobre havia se beneficiado com a revolução. Outro lugar que me impressionou, dos visitados com Beto nessa ocasião, foi o novo hospital de Manzanillo. Era realmente moderno e praticamente gratuito para todos os cidadãos da região. A própria Madrinha havia sido uma das beneficiadas dessas facilidades médicas, pois havia tido câncer de mama e tinha feito a operação e o tratamento no novo hospital e havia ficado bem. Devo acrescentar que durante minha infância o hospital de Manzanillo era muito precário, a situação era tão penosa nesse sentido que muitos de nós, os de uma classe um pouco mais remediada, tratávamos de fazer as cirurgias em outra cidade, em Havana, se fosse possível. Lembro-me de que quando fui operado de apendicite aos oito anos mais ou menos, Mamãe me levou a Havana para fazer a operação, porque em Manzanillo dava medo levar um paciente ao hospital.

Finalmente, chegou o momento de me despedir. A despedida não foi muito traumática porque eu esperava voltar logo, e assim foi, pois no ano seguinte, em 1979, voltei a minha casa três vezes. Nessa primeira ocasião, voltei para Havana de avião, um aviãozinho bastante novo mas pequeno, de fabricação russa, que logo se converteria em um meio de transporte muito comum em minhas múltiplas viagens ao meu povoado. Não me lembro muito de nada mais da viagem, e a memória me remete a minha chegada a Fairfield, Connecticut.

Quando retornei a Connecticut depois do diálogo, as aulas do semestre de outono na Universidade de Fairfield ainda não haviam terminado. Os administradores da universidade haviam me dado autorização especial para poder ir a Cuba, e durante minha ausência minhas aulas foram ministradas por outro professor. Diversamente de alguns dos cubanos exilados que regressaram a lugares como Miami, a acolhida que recebi ao voltar a Fairfield foi extremamente positiva. Aquele lugar pertencia ao noroeste liberal do país, portanto se viu com bons olhos minha participação no diálogo. A imprensa foi muito favorável a mim e aos demais dessa região que foram a esse evento, pois muitos dos norte-americanos de lá consideravam que já era hora de os dois países melhorarem suas relações. Não poderia imaginar nesse momento que quase um quarto de século depois desse diálogo, as relações entre os dois países ainda continuariam basicamente iguais em tensão, quase sem melhorias significativas. Somente as viagens de cubanos exilados à ilha continuaram de pé sem interrupção. Não sei quando essa inimizade de quase meio século terminará.

No Ano Seguinte

Como não havia podido visitar o túmulo de Mamãe durante minha primeira viagem a Manzanillo, essa foi a primeira coisa que fiz na minha segunda viagem. O cemitério do povoado é algo realmente impressionante com seus mausoléus monumentais e seu ambiente funerário que se distancia muito dos cemitérios simples, modestos, coloridos, quase simpáticos de muitos lugares dos Estados Unidos. O túmulo de Mamãe encontrava-se no mausoléu da família onde estavam enterrados não só ela, mas também vovó, Nina, Pupo e Vovô. Fui com Beto, e ele me deixou sozinho, o que agradeci porque logo que cheguei àquele terrível lugar me converti em uma verdadeira Madalena de prantos. Parecia-me impossível que aquelas pessoas de quem havia gostado tanto e que estavam tão vivas em minha mente estivessem ali mortas e fechadas por aqueles mármores fúnebres. Mas, curiosamente, uma vez que desabafei à vontade, começou a me invadir um profundo sentimento de tranquilidade, de serenidade, de paz, a tal ponto que quando me encontrei de novo com Beto já tinha um sorriso sereno. Era como se o espírito alegre de Vovô tivesse se apossado de mim. Não voltei mais ao cemitério. Fiz o que tinha que fazer. Senti-me extremamente tranquilo.

Lembro-me de que nessa viagem, Madrinha começou a retomar seu papel de moralista, pois ela em definitiva havia sido sempre a mais forte de caráter da família, a que frequentemente adotava o papel de defensora de certa moral tradicional. Era como a luz vermelha do tráfego moral, pelo menos em questões sexuais. Sempre nas famílias há alguém que ocupa esse papel estrito, como guardiões tenazes da tradição. Além disso, como eu mandava dinheiro para ela dos Estados Unidos via Canadá, Madrinha havia adquirido um novo poder: o econômico, que até aquele momento havia perdido porque tinha que depender dos mais novos da família. É verdade que naquela família ela sempre manteve certo poder devido a seu caráter e ao fato de que em geral se respeitava sua idade, mas havia alguns anos também possuía meios econômicos extraordinários em comparação aos outros membros da família. Enfim, tudo isso dava novo ímpeto à sua força e à sua tendência de marcar a linha que considerava infranqueável quanto a assuntos morais. Pois bem, em meio a essa lua de mel que eu desfrutava entre os membros da família nessas primeiras viagens, Madrinha se revelou e me disse o seguinte: "Tenha muito cuidado com quem você se encontrar aqui, porque este povoado está cheio de veados". Tive uns segundos de terror, mas refleti que ela já não tinha o mesmo poder sobre mim para dizer aquelas coisas. Agora era eu que chegava como um filho pródigo e além disso a mantinha economicamente, pelo menos a mantinha em melhor situação econômica do que se não me tivesse. De fato, passado o primeiro retrocesso infantil de temer Madrinha pelo que havia dito, pensei algo engraçado: "sim, pois me diga onde andam esses veados para ver se me encontro com minha turma imediatamente". Claro, não lhe disse, mas sim a repreendi por ser assim, por haver dito aquilo, e perguntei a ela por que tanta obsessão com os entendidos, que mal haviam feito a ela. Creio que, em sua enorme astúcia, ela nesse momento juntou as coisas e se deu conta de tudo, e nunca mais me disse nada sobre o assunto. Era outra batalha fundamental que eu havia ganhado. Desde esse momento, assumi o controle nesse sentido, e diante de mim não se dizia nada sobre os entendidos (em Cuba ainda não se usava a palavra gay, chamando-os por nomes depreciativos). A única vez que ouvi de novo o ataque, e foi muito breve e em um momento de grande tensão nacional, foi em minha viagem a Manzanillo alguns dias depois do êxodo de Mariel, mas isso contarei em outro capítulo.

Nas viagens que fiz a Cuba durante 1979 e a primeira metade de 1980, tive algumas relações homoeróticas, algumas que duraram até a viagem seguinte, ou seja, alguns meses. Foi algo fabuloso que aproveitei plenamente porque obedecia a antigos sentimentos escondidos em mim desde criança. Todas essas relações ou encontros sexuais foram em Havana. Em uma dessas ocasiões, praticamente me perdi por vários dias porque mudei com um dos meus namorados para um quartinho alugado em uma praia perto de Havana e ali ficamos isolados do resto do mundo por vários dias. Depois soube que membros da segurança do Estado cubano estavam preocupadíssimos porque não me encontravam em nenhum lugar e, pelo menos eu interpretei assim, chegaram a acreditar que eu poderia estar fazendo alguma atividade contrarrevolucionária. Bem, não sei se a atividade sexual prodigiosa que desenvolvi nessas viagens podia ser considerada contrarrevolucionária, se fosse assim teriam tido motivos suficientes para me fuzilar. Andava nessas coisas quando, em uma das viagens de 1979, me apresentaram a um rapaz muito bem apessoado que prestou muita atenção em mim e em seguida revelou que era gay. Fazia definitivamente meu tipo: bonito, interessante, conversador, mulato. Andei com ele por Havana inteira, em vários restaurantes, na casa de amigos etc., mas ele não se mostrava nada interessado em ir para a cama, somente em falar e falar. Para resumir a história, em outra viagem me inteirei que era um membro da segurança do Estado e parece que o haviam posto para investigar, intimamente, minha maneira de pensar. Não quis vê-lo mais, mas sofri porque já percebia a possibilidade de ter um lar com ele.

Minhas atividades homoeróticas desses meses não se restringiram somente a Cuba. Em Connecticut e em Nova York também aprontava das minhas constantemente, embora naquele lugar tivesse um amante fixo que era uma pessoa boníssima e de quem eu gostava muito. Mas o desejo sexual promíscuo me invadia totalmente nessa época. Era quase inconcebível para mim ir a um lugar pela primeira vez e não tentar encontrar alguém com quem ter uma aventura sexual pelo menos. Não fazê-lo significava uma espécie de derrota, de fracasso. Agora, pensando naqueles anos, me dou conta de que mesmo meu eterno desgosto por viajar diminuiu devido ao fato de que em minha mente pensava que talvez em algum lugar estava o amante ideal, o sexo absoluto, o amor mais completo. Penso nisso e sinto verdadeiro horror... bem e também sinto vontade de rir e de chorar e até me causa felicidade ter vivido uma vida tão turbulenta e ter conseguido sobreviver.

Também as atividades políticas eram compulsivas. Frequentava todas as reuniões de Areíto que havia em Nova York, fiz conferências em Cuba sobre assuntos literários que tinham relação com a política (tudo, no fundo, tem a ver com a política, sobretudo quando se trata da situação cubana). Dissertei sobre a obra de José Lezama Lima (sobre o qual depois publiquei vários artigos e finalmente um livro), fui a vários congressos e simpósios sobre a cultura e a política cubana, e dedicava muito tempo a esses assuntos. O certo é que de vez em quando, em meio a esse frenesi, disse coisas sobre a política que eram bastante atrevidas, pois expressei em mais de uma ocasião opiniões favoráveis ao sistema socialista cubano.

Além disso, em Nova York, comecei a participar da fundação de uma nova organização chamada José María Heredia, que aspirava a ter uma direção mais cultural que política, embora alguns de seus membros se queixassem de que na realidade fosse uma fachada para mais uma organização política. Como parte dessa organização, assisti a reuniões na casa do pintor gay Juan González. Um tempo depois daquelas reuniões, inteirei-me de que Juan estava muito doente, e não voltamos a visitá-lo.

ॐ Mariel e a Paixão ॐ

Lembro-me bastante bem de que um dia do verão de 1980 ouvi na televisão do meu apartamento de Connecticut que tinha havido uma grande comoção em Cuba porque milhares de cubanos haviam se enfiado à força na embaixada do Peru e queriam vir para os Estados Unidos ou para qualquer outro país fora da ilha. Também recordo com nitidez quando nesses dias recebi uma ligação de Marifeli Pérez Stable, naquela época presidente de Areíto, consternada com a crise política e humana que tudo aquilo significava. Ela estava verdadeiramente preocupada e seriamente desgostosa com as ações do governo de Cuba de mandar 125 mil cubanos para os Estados Unidos pelo porto de Mariel. Viam-se na televisão barcos de todo tipo trazendo os cubanos para a costa americana. Também vivi com ansiedade a reação contraditória e de assombro que o governo de Jimmy Carter teve diante desse desastre para a política norte-americana. Carter havia dito que receberia os cubanos "de braços abertos", e Fidel se aproveitou para mandar por qualquer meio disponível uma infinidade de cubanos para os Estados Unidos, entre os quais foram incluídos propositadamente doentes mentais e criminosos comuns. Nessa aglomeração de cubanos, encontrava-se, por um erro das autoridades cubanas, nada menos que o escritor dissidente gay Reinaldo Arenas. Tudo aquilo significava um desastre não só para os cubanos das duas margens, mas também para as relações entre Cuba e os Estados Unidos, pelas quais tanto havíamos lutado em Areíto e em outras organizações. O propósito principal de Areíto estava mesmo em perigo.

Do ponto de vista do governo cubano, questionou-se que os Estados Unidos tinham estado pressionando Cuba por meio de promessas de visto para cubanos descontentes com o regime, que depois negavam para causar uma confusão e uma grande crise no país. Segundo esse argumento, Fidel havia decidido deixar esses cubanos saírem para fazer oposição à política beligerante dos Estados Unidos com relação a Cuba e evitar assim um levante popular na ilha. Alguns observadores da situação cubana asseguram que a insatisfação em massa que se desencadeou nesse momento e teve como consequência a ocupação maciça da embaixada do Peru esteve bastante relacionada com as visitas de mais de cem mil cubanos exilados à ilha a partir do acordo feito durante o diálogo de 1978. O contraste entre a forma como viviam os que iam visitar e os que estavam na ilha, segundo esse argumento, fez com que a insatisfação popular aumentasse e mais pessoas quisessem deixar a ilha. Nem é preciso dizer que todo o evento de Mariel afetou muito a posição política do presidente Carter. Mesmo o então bastante desconhecido governador do Arkansas, Bill Clinton, pagou o preço por tudo isso pois ele aceitou vários dos "marielitos", os quais se rebelaram nas prisões do Arkansas e os especialistas em política asseguram que essas comoções custaram a Clinton a reeleição ao governo do estado. Enfim, aquilo foi um verdadeiro desastre em muitos aspectos e para muitas pessoas de ambos os lados do estreito da Flórida.

Alguns dias depois da *débâcle* de Mariel, fui a Cuba. Fiz isso por duas razões: uma, porque já tinha a passagem e o visto acertado havia algum tempo; e segundo, porque estava sempre desesperado para ir para a ilha. Dessa vez, fiquei na casa do meu pai. Recordo que houve um momento em que ele e eu nos sentamos no quintal dos fundos de sua casa e ele me disse com profunda pena que havia visto como perto de sua casa a polícia maltratou vários cidadãos que queriam ir embora durante o episódio de Mariel. Disse-me estas palavras: "Foi como no tempo de Batista, igualzinho".

Também nessa ocasião, visitei minha família em Manzanillo. O povoado inteiro estava alvoroçado com os eventos de Mariel, e um dos temas centrais era os "homossexuais" que tinham ido embora do país como parte do êxodo. O governo cubano voltava a endurecer sua homofobia com os eventos de Mariel, e em muitos casos forçou pessoas conhecidas como homossexuais a se unirem ao grupo que foi embora naquele momento. É certo que a situação dos gays e lésbicas havia melhorado consideravelmente em Cuba a partir de 1976, e a política cubana tinha se distanciado bastante da homofobia extrema da década que vai da metade dos anos 1960 à metade dos anos 1970, mas agora com a comoção de Mariel haviam sido revividas repentinamente e com fúria todas as tendências homofóbicas da cúpula principal do governo e as de muitos cidadãos do país inteiro. Por sorte, uma vez passada a crise de Mariel, a política cubana continuou progredindo lentamente rumo a uma melhora na relação entre o governo e os gays e lésbicas. Pois bem, quando cheguei a Manzanillo, o tema em discussão, claro, era o êxodo de Mariel e suas repercussões locais. Senti-me pela primeira vez encurralado em minha própria casa. A maioria dos membros da família era favorável ao regime, e em situações de crise como a que estava ocorrendo no país nesse momento, radicalizaram-se os sentimentos políticos. Tentei ser conciliador, mas o ambiente de tensão não me permitiu. Protestei contra os abusos cometidos contra os que foram embora ou tentaram ir, e contei a eles o que meu pai havia me dito alguns dias antes, sobre a brutalidade com que ele viu a polícia tratar alguns cidadãos que se descobria que queriam ir embora do país via Mariel. A primeira reação dos membros de minha família foi tentar aparentar que compreendiam meu ponto de vista, mas não lhes saía bem tal posição moderada. A moderação nunca foi uma característica relevante de nosso povo, e naquele momento a coisa não estava para panos quentes. Houve um momento em que veio à tona a questão dos homossexuais, e foi uma de minhas primas que me disse que um professor homossexual de Manzanillo havia saído por Mariel e que antes que fosse embora os vizinhos fizeram um *ato de repúdio* a ele. Esses atos consistiam em uma reação supostamente espontânea (mas na realidade se tratava de algo preparado pelo regime) em que os vizinhos que apoiavam a revolução, quando se inteiravam de que alguém queria ir embora do país, demonstravam de forma violenta (fosse com gritos ou até com agressões físicas) o repúdio que sentiam diante de um "traidor da pátria". Não se tratava de evitar que fossem embora as pessoas que quisessem ir, já que o próprio governo estava organizando as saídas, e sim se pretendia com esses atos, como de costume no período revolucionário cubano, marcar a linha divisória entre os "bons" e os "maus". Os bons eram os que ficavam em sua pátria defendendo o sistema revolucionário imperante, enquanto os maus eram os traidores que abandonavam seu país para juntar-se aos inimigos da revolução. Enfim, minha prima disse, em um momento em que vários dos membros da família estávamos reunidos na sala de casa, que esse "professor homossexual" havia sido repudiado pelos vizinhos e que ela não estava necessariamente de acordo com os abusos cometidos contra ele, mas considerava que se o professor era homossexual não deviam deixá-lo em seu posto pois poderia corromper as crianças. Era melhor que lhe dessem um cargo no qual não tivesse contato com garotos jovens. Nem é preciso dizer que aquilo me enfureceu e abandonei toda pretensão de moderação e investi verbalmente contra minha prima e perguntei a ela em que época da idade da pedra estava vivendo, que o que ela estava dizendo carecia de base, que proporcionalmente havia muito mais casos de abuso sexual por professores heterossexuais do que homossexuais etc. Ela ficou um pouco pasma e alguns membros da família perceberam que aquilo me atingia diretamente. Houve um momento em que mudaram o assunto da conversa, mas me certifiquei pessoalmente de quão arraigados estavam ainda os sentimentos e as ideias homofóbicas naquele país. Senti-me estranho, senti-me muito mais americano que cubano nesse momento, pois embora nos Estados Unidos houvesse sentimentos semelhantes, pelo menos desde 1969 já se havia passado pelas revoltas do Stonewall em Nova York e o movimento de liberação gay causava impacto em todo o país e de fato em vários outros países. Cuba ainda estava muito atrasada nesse sentido.

Então parti para Havana o mais rápido possível. O ambiente em Manzanillo era mais asfixiante que na capital. Não é que em Havana se evitasse o assunto, mas não era a mesma pressão. Quando cheguei à capital, falei com alguns amigos escritores que se expressaram contra os atos de repúdio e o lema "vão embora", orquestrado no país para denunciar a "escória" que deixava o país. Esses amigos me contavam essas coisas indignados pelos múltiplos abusos que haviam sido cometidos nesses dias de Mariel, e também me explicaram os efeitos que haviam ficado dessa crise. Um desses escritores, muito meu amigo, me levou para almoçar em um restaurantezinho bastante tolerável da cidade, e ali falamos muito por algum tempo. Além de me falar da situação política, me disse que tinha um amigo que estava muito doente dos nervos porque tinha querido ir embora por Mariel mas na última hora havia se arrependido e não pôde evitar que os vizinhos soubessem, e portanto foi vítima de um ato de repúdio descomunal. Pediu-me que fôssemos falar com o jovem gay e que eu buscasse encorajá-lo e levá-lo para passear porque estava realmente nervoso e desconsolado.

Fomos nos encontrar com o rapaz na Praça da Catedral, que é o centro de Havana Velha e nessa época era o lugar onde se concentravam alguns vendedores de artesanato que o governo havia permitido para que ganhassem algum dinheirinho com a venda de seus produtos. Quando chegamos à praça, estava repleta de gente, de vendedores e compradores, e ainda de alguns turistas. No lugar combinado, estava o amigo de meu amigo. Vamos chamá-lo de Lázaro. O escritor nos apresentou e tanto o rapaz quanto eu estávamos um pouco confusos e com certa pena, pois era uma espécie de encontro marcado. Lázaro era superlindo: um mulato alto, esbelto, cuja profissão era dançarino folclórico. Estava bastante bem vestido, apesar da escassez cubana. O escritor amigo disse que tinha que ir para uma reunião e nos deixou sozinhos na praça. Falamos por um momento, mas Lázaro não se sentia seguro para falar de seus "problemas com o sistema" porque havia gente demais ao redor. Pediu-me que no dia seguinte pela manhã fôssemos ao parque Lênin para continuar conversando, e assim fizemos.

O encontro no parque Lênin foi muito mais interessante que o da Praça da Catedral. O Lênin é um parque enorme que mais tarde ganharia fama porque Reinaldo Arenas descreve em sua autobiografia, *Antes do Anoitecer*, o tempo que passou nesse lugar escondido das autoridades cubanas. Fazia um dia muito bonito e o calor não era tão intenso. Tomamos alguns sucos e conversamos entre as árvores durante horas. Contou-me com riqueza de detalhes seu trauma com a questão de Mariel, como queria ir mas no último momento pensou em sua mãe e mudou de ideia, como nesses mesmos dias os vizinhos lhe fizeram um ato de repúdio horroroso. Desde aquele momento, incomodava-o chegar em casa durante o dia porque nao queria se encontrar com os vizinhos que o repudiaram. Repetiu muitíssimas vezes que estava "muito mal, muito mal". A conversa, porém, foi se voltando para nós. Deu vários sinais de que eu o agradava e embora ele tivesse me agradado desde o primeiro instante em que o vi, fui com calma porque acabava de passar pela desilusão com o rapaz com o qual havia andado em Cuba que depois se revelou ser um agente de segurança que estava me espionando. Essa desilusão inicial me fez ser um pouco mais comedido com Lázaro e suas insinuações, mas no final me rendi (o que se poderia esperar de mim nessas circunstâncias!). Passamos o resto do dia dizendo elogios, comendo o cérebro um do outro, mas não tínhamos nenhum lugar para ir pôr em prática o que dizíamos. Em Cuba, não se pode levar alguém a um hotel sem mais nem menos. Ele me dizia que de alguma forma procuraria um lugar para ficarmos sozinhos em nosso conúbio nessa mesma noite. A verdade é que nenhum dos dois podia esperar mais. Não me lembro a quantos lugares fomos passear, comer algo, conversar e conversar. A noite chegou e finalmente ele me disse que quando fosse mais tarde iríamos de ônibus para sua casa e ficaríamos em seu quarto sem fazer barulho para que sua mãe, que dormia no quarto ao lado e era a única outra pessoa que vivia em seu apartamento, não nos ouvisse. Quando subimos no ônibus, já era bastante tarde e chovia. Chegamos a sua casa como ladrões, na ponta dos pés, para evitar acordar sua mãe. Assim que entramos em seu quarto, ele ligou o rádio supostamente para contrabalançar qualquer barulho que saísse de nossa atividade sexual. Foi uma noite maravilhosa, e quando terminamos a luta ficamos dormindo no colchãozinho que havia no chão como cama. Nessa noite tive sonhos estranhos com minha mãe e com toda uma série de imagens sexuais surrealistas. Depois acordamos antes do amanhecer e ele me levou até o ponto de ônibus para que eu regressasse à casa de meu pai.

Minhas relações com Lázaro duraram entre uma coisa e outra oito anos. Claro que só nos víamos algumas poucas semanas por ano quando eu visitava a ilha, mas havia algo bastante sério em nossas relações. A atração mútua foi extraordinária e durou muito apesar dos obstáculos. Cada vez que tinha oportunidade de ir a Cuba, enlouquecia para acabar de chegar e vê-lo. Cheguei a ser muito amigo da mãe dele, de sua família e de alguns de seus amigos. Às vezes dormia mais na casa dele do que na do meu pai ou no hotel, conforme o caso. Lázaro insistia para que eu ficasse em Cuba e vivêssemos como um casal, mas nunca me passou pela cabeça fazer isso. Eu estava apaixonado, mas não louco. Já no fim da década de 1980, nossa relação quase havia terminado e ele fez algumas viagens ao México como parte de um grupo de dançarinos cubanos. Não soube dele por algum tempo, especialmente a partir de 1989, que foi a última vez que nos vimos e a última vez que visitei a ilha de maneira regular. Em 1995, voltei a Cuba para participar de um congresso sobre a obra de Severo Sarduy, e quando tentei saber o paradeiro de Lázaro, me disseram que ele havia ficado no México e depois havia ido para os Estados Unidos (era de se esperar, não?). Senti-me algo triste e nostálgico com as recordações de nossos anos de paixão desenfreada. Voltei para o Colorado para minha vida tranquila e perfeita com Greg. Não havia passado muito tempo do meu regresso em 1995, quando Greg e eu fomos ver Gloria Estefan, que andava em uma de suas turnês mundiais e passava por Denver, perto de onde vivíamos. Em meio ao show de Gloria, vejo alguém dançando no palco e uma voz anuncia que um novo bailarino cubano fazia parte da equipe de Gloria. Tratava-se de Lázaro. Já estava bastante mais velho, mas ainda exibia um corpo cinematográfico. Emocionei-me a ponto de me correrem lágrimas com tantas recordações e com aquela coincidência. Quis ir cumprimentá-lo quando saísse do palco, mas Greg notou meu desassossego e me negou que eu fosse vê-lo. Na década de 1980, escrevi o seguinte poema dedicado a Lázaro:

Amante
Da janela onde Mamãe me vestia
Diferente dos meninos pobres
Desenhava-o e balbuciava o que não se podia
Com minha voz levemente afônica de medo
Eu tecia desde então um tapete
Com sua pele mulata e percorria
Inocente o horizonte de sua pele
Até tocar ilha por ilha
De seu corpo feliz
Quando sinto o chute brutal
Da sensualidade que você me provoca
Pergunto-me incansável por qual paisagem
      Deslizam minhas mãos quando o acaricio
São as asas do anjo
Que me conduzem até a janela
Iluminada pelo seu corpo?
Você é a janela iluminada
Perdida
Recuperada
E que volta a desaparecer?
E aí começa a batalha interminável
Entre a recordação e a despedida
E me pergunta por que tenho que ir embora
Semear hieróglifos

Em terras desconhecidas
Por que não fico aqui extasiado
Tremendo com a magia de nosso encontro
Suas perguntas lançam uma ponte que cruza
A distância que separa a palavra do delírio
São perguntas ou ímãs que semeiam
As dúvidas necessárias nas dúvidas
E se convertem na medula
   Do animal mais simples
Oferecendo-lhe o limite mais primitivo
De sua pele anterior
E sei que sempre chego mostrando somente
Um lado de minha circunferência
    Para surpreender o peixe do amor
    Enquanto recolho as folhas dispersas
    Entre as ruínas da revolução
E me aproximo de você pretendendo saber tudo
Antes da hora
Mas essa sabedoria falsa é só uma pretensão
Para me defender do renovado assombro
    Que me causam seus músculos brilhantes
    Que parecem jorrar mel umedecido
O olhar se dilui quando imagino ou não imagino
A última canção que nos diremos
Insisto em encontrá-lo para saber de que tecido
É feito o outro lado do meu rosto
Vou me despir diante de você quando encontrar
Minha mãe completamente liberada
De todo malefício
E então tudo será poesia
E todos seremos uma mesma coisa
E abandonaremos completamente
O projeto de escrever um romance interminável

❦ Um Sonho dentro de um Poema ❦

Não compreendo por que há uma mancha de tinta no meio desta sala onde vim visitá-lo. Em vez de uma jarra, deveria haver umas flores esmagadas e um sussurro escandaloso. Ainda não sei onde está o biombo que nos separou do fim do mundo. Aquele biombo que absorvia pelos poros nosso ofego arqueológico. Agora quase tudo é sereno, como se não houvesse necessidade de perguntar pelas violetas do quarto, pelo resplendor que ocultava os detalhes. Agora aqui sentado diante de mim vejo suas palavras saindo como areia das comissuras de seus lábios. Você diz mas não se ouve. É como se nadasse sobre uma mesa lisa. Eu não sei o que vai acontecer quando a lua surgir e suas costas se refletirem no vidro embaçado da porta.

Você me disse que iríamos embora porque chovia a cântaros. Sua pele, muito queimada, era uma madeira polida, luminosa, na qual se refletiam as luzes dos poucos carros que passavam respingando. Seu cacho de mulato perfeito brilhava como se fosse metálico. Havia chorado me contando sobre Mariel. Os vizinhos lhe haviam feito um ato de repúdio.

Todas as suas histórias terminavam em uma imagem de sua mãe, que tinha uma cova como uma casca. Você queria querer. As pessoas se sobressaltavam com sua beleza, mas lhe faltava seguir um fio, um caminho. Seu olhar era um labirinto. Você queria que o quisessem, e tinha o sexo mais perfeito que já vi. Entre sombras, um radinho rouco interrompia nossos gemidos separados por um biombo preto. Que lindo você era!

Chegamos a sua casinha destruída quando a chuva havia se cansado. Subimos na ponta dos pés para que seus vizinhos não soltassem seus cães raivosos. Meus nervos se debatiam entre o terror do ladrão e a imagem do seu sexo. Venceu a segunda. Sua mãe dormia ou fingia que dormia atrás do biombo. Entramos no seu universo que tinha um colchãozinho diminuto sobre o chão frio de granito. Um abajurzinho se sustentava apenas sobre uma caixa de vinho vazia. Você baixou a janela. Não sentia o calor porque éramos uns gatos flutuando. Ligou o rádio rouco e começamos a atividade. Você foi tirando minha roupa como uma gueixa tropical. Em nenhum momento nossos corpos deixaram de se tocar em menos de três pontos do planeta. Os dois estávamos lívidos de prazer. Beijos, beijos, beijos, baba, contorções, beijos, baba, porcarias. "Você gosta?" "Ai, porra, que delicioso!" "Que delicioso, caralho!" "Aaaiii". Veio a calma. Desligou a luzinha e deixou o rádio ligado. A mãe tossiu como se tivesse participado da luta. O travesseiro era comum. Ainda havia abraços. O chão estava frio e ficamos adormecidos. Então sonhei.

Aparece Ava Gardner entre os turistas de verão. Os banhistas, admirados, subjugados, vão se afastando dela em um círculo cada vez maior. Seus assistentes ou guarda-costas seminus contribuem para a dispersão circular. Ela vestida toda de praia, fabulosa, magnífica, com um turbante fino. Embora no início parecesse uma mulher *sexy*, vista agora de outro ângulo, é mais exatamente mediana, *average*, mais exatamente conservadora. Só seus dentes são perfeitos. O que parecia um traje de banho era uma saia simples, sem cores brilhantes. Senta-se olhando o mar. Os admiradores desaparecem, ou não se veem. Há uma cerca de ripas que os impede de se aproximar. Ela sobe umas escadas de madeira até uma bela suíte de hotel. Percebe-se um grande alívio em seu rosto quando entra no quarto com ar-condicionado. Ava tira o turbante, que parece maior. Seu corpo é pequeno. Batem na porta, e sem que a abra, abre sozinha. Entra um garçom muito pequeno, jovem, de nádegas muito arrebitadas e rosto de querubim, aloirado. Leva um carrinho com as comidas e as frutas. Ela se levanta da banqueta e se aproxima do recém-chegado, o qual se excita afeminadamente, enquanto ela se vê cada vez mais alta, esbelta, bronzeada, quase negra. Já não usa turbante e se revela seu cabelo cacheado. Seu vestido como uma bata transparente de boxeador, deixa entrever que não usa roupa íntima. Seu corpo robusto descobre um volume como um grande falo belo. Com carinho e até com violência, o garçonzinho esperava as boas-vindas e Ava o agarra com força e possui o garçom descomunalmente. O possuído agora sorri em uma banheira de água fria. Está como se estivesse defecando, mas vemos por entre suas pernas submersas um feto muito bonito saindo, muito claro e limpo, liso. O recém-nascido não tem olhos nem orifícios. É como uma boneca redonda. O parido sai da água com um corpo esbelto, perfeitamente despelado. Ela está sentada de costas na banqueta antiquada. É miúda e azeitonada, serena, e lê um livro com interesse através das lentes pálidas como uma maternal dona de sua casa.

⁂ *Novas Surpresas* ⁂

Foi em 1980 que fui promovido a *Full Professor* (o equivalente a um catedrático em nível mais alto) na Universidade de Fairfield, e com isso chegava ao último degrau que havia na universidade e praticamente em todo o sistema universitário norte-americano. Como já tinha permanência havia três anos, minha situação profissional era muito segura, mas minha ambição estava apenas começando. Como Fairfield está tão perto de New Haven, ia frequentemente à Universidade de Yale para conferências e atividades culturais de todo tipo, especialmente para ouvir e conhecer vários dos romancistas hispano-americanos do chamado *boom* do romance hispano-americano que desde os anos 1960 estavam na pauta da literatura mundial. Foi precisamente em Yale, com Emir Rodríguez Monegal como anfitrião, que vários desses escritores que já tinham ou começavam a ter fama mundial se apresentaram para um público norte-americano. Ali conheci, entre muitos outros, Manuel Puig e José Donoso. Todos esses contatos e o fato de que já então havia publicado vários artigos e alguns livros de crítica literária e de poesia, me deram a ideia de que devia buscar um posto em uma universidade que tivesse doutorado em sua pós-graduação (a Universidade de Fairfield não o tinha). Até esse momento, não havia solicitado nenhum posto em outras universidades, mas em 1981 isso mudou, pois a Universidade da Flórida em Gainesville convidou-me para pleitear uma vaga no departamento de idiomas e literaturas romances dessa instituição. Para resumir a história, direi que foi extremamente fascinante para mim aquela oportunidade de ir para uma universidade prestigiosa com um programa de doutorado em literatura hispânica e que ainda por cima estava situada no mesmíssimo meio do estado da Flórida. Creio que senti mais o frio no inverno de Connecticut de 1981-1982 pensando que já era hora de ir para a Flórida.

Recordo com riqueza de detalhes cada passo desse processo de enviar meus documentos e publicações para a Universidade da Flórida, preparar a conferência para o dia que fosse para a entrevista em Gainesville, averiguar quem estava nesse departamento etc. Recordo que cheguei a Gainesville para as entrevistas com os professores e administradores dessa instituição um dia de janeiro de 1982. Chamou-me atenção que enquanto em Connecticut havia deixado uma grande nevasca, ao chegar a Gainesville vi alguns estudantes jogando *frishee* sem camisa. Parecia-me que havia chegado, regressado, ao paraíso. Pareceu-me que minha conferência foi bem recebida, embora nada do outro mundo, e que as entrevistas com o chefe do departamento e com os professores foram muito positivas. Agradou-me muito que alguns estudantes de pós--graduação cubanos se aproximassem de mim depois de minha conferência e quisessem conversar comigo em separado, o que fiz por algum tempo. Perguntaram-me sobre meus escritos e minhas viagens a Cuba, e na verdade interpretei toda aquela conversa como um ato de interesse profissional e cultural desses estudantes, e me senti ainda mais entusiasmado com a possibilidade de conseguir o posto nessa instituição.

Embora houvesse outros candidatos, fui o escolhido, e no dia em que completava 38 anos de idade (21 de fevereiro de 1982), telefonou-me em Connecticut Raymond Gay-Crosier, chefe do departamento de literaturas romances da Universidade da Flórida, com a notícia de que me ofereciam o posto.

Mas devo explicar aqui certos detalhes sobre minha profissão porque isso facilita compreender o que contarei depois sobre minha entrada na Universidade da Flórida. Embora já fosse professor titular com permanência na Universidade de Fairfield, não podiam me oferecer um posto de mesmo nível na Flórida. A oferta consistia em que seria professor adjunto sem efetivação mas com possibilidade de obtê-la em dois anos. Como a Universidade da Flórida é uma instituição mais prestigiosa que a de Fairfield e tem um programa de doutorado na minha área, eu teria que voltar a ser professor adjunto com um período probatório de um ano, ao término do qual solicitaria a promoção a professor titular junto com a efetivação. Em outras palavras, estaria em período probatório durante o ano acadêmico 1982-1983, solicitaria em 1983-1984, e devido a meus méritos acadêmicos, com toda a certeza teria a promoção e a permanência a partir do começo do ano acadêmico de 1984-1985. A oferta era arriscada para mim, mas na realidade sabia desde o início que iria ser assim, pois o estado da Flórida tem uma lei estatal que proíbe que um professor traga permanência de outro estado. Creio que a Flórida é o único estado do país com uma lei tão estrita. Tinha que passar por aquilo e me arriscar, mas me pareceu que o risco era menor, sobretudo se considerasse que a Universidade de Fairfield havia me dado um ano de licença, de modo que se me arrependesse poderia voltar sem nenhum problema. Depois de um ano, Fairfield prorrogou minha licença por mais um ano com a esperança de que eu voltasse.

Então passei esse período de minha vida, que vai do outono de 1981 ao de 1982, com a Universidade da Flórida como objetivo principal de minha vida profissional. Isso não quer dizer que não tenha viajado a outros lugares durante esse ano. Na verdade, viajei mais do que de costume, pois aproveitei para conhecer a França, onde haviam me convidado para fazer uma conferência em um congresso sobre o escritor cubano José Lezama Lima, sobre o qual preparava um livro nessa época. A conferência foi em Poitiers, e fiz essa viagem com dois amigos porto-riquenhos,

Raúl Aguilar e Eduardo Sotomayor. Em Poitiers, encontramo-nos com vários escritores e críticos conhecidos, mas o mais relevante de longe era nada menos que o escritor argentino Julio Cortázar. Tive a oportunidade de falar com ele por algum tempo. Também conheci um grande escritor cubano gay que vivia em Paris havia muitos anos e que me pareceu muito simpático. Refiro-me a Severo Sarduy, que me fez rir desde o primeiro instante em que nos conhecemos, em uma das estações de trem de Paris. Tudo o que dizia era delirante e cômico. Nesse momento do encontro com Sarduy, eu estava com Roberto González Echevarría, que já era amigo de Sarduy havia algum tempo. A experiência francesa foi maravilhosa. Durante nossa estadia em Paris, Raúl, Eduardo e eu nos hospedamos em um quartinho minúsculo de um hotelzinho da rua Saint Michel, e desse buraco saíamos para nossas aventuras noturnas pelos bairros mais afastados da capital francesa. Houve uma noite em que tinha que me encontrar com uns amigos em um bar gay e me perdi (quando não?) e não conseguia encontrar o endereço que haviam me dado. Nisso vi um homem jovem tunisiano e pedi a ele em meu mau francês que me dissesse onde ficava aquele endereço. Ele foi muito amável e disse que me levaria pessoalmente ao lugar, mas não foi o que fez. Em um momento determinado, quando passávamos por uma ruazinha escura, me empurrou para dentro do *lobby* de um hotel pequenininho, onde outro rapaz estava esperando de tocaia, e ambos me disseram que lhes desse todo o dinheiro que tinha. Dei a eles tudo o que trazia nos bolsos, que era muito pouco, porque a maior parte do dinheiro eu levava escondido nas meias, e teriam tido que me despir e tirar meus sapatos para encontrar aquelas notas. Já então eu era um nova-iorquino experiente em grandes cidades, e em certo sentido fui eu que enganei o ladrãozinho tunisiano e seu cúmplice.

Além da França, nesse ano fui duas ou três vezes a Cuba. Já então havia ficado várias vezes na casa do meu pai e havia estreitado a amizade com ele e com sua esposa Iluminada. Ela era tão amável comigo cada vez que eu ficava em sua casa, que por muito menos que isso sou eternamente agradecido a sua pessoa. Tratou-me maternalmente várias vezes.

De fato, como fiquei doente várias vezes com uns terríveis males do estômago que me causavam febre e me faziam perder peso rapidamente, ela cuidava de mim dia e noite. Passei a ter grande carinho por ela desde então. Havia recuperado não só minha família de Manzanillo e meu pai, mas também havia adquirido outra mãe postiça em minha madrasta. Aquela foi uma época muito boa. Mas as coisas nunca são perfeitas, e houve inconvenientes.

Não recordo exatamente o mês, nem sequer se foi em 1981 ou 1982, mas nessa época assisti a uma conferência que dois escritores cubanos muito conhecidos e importantes vindos diretamente da ilha, Cintio Vitier e Fina García Marruz, fizeram como parte de um evento cultural em Nova York. Depois de terminada a conferência e das respostas dos escritores a algumas perguntas, meu amigo e colega Efraín Barradas me pegou pelo braço e me tirou do salão para dizer: "Você soube da doença horrorosa que está acometendo os homens gays? Estão morrendo como moscas". Como para começar sou hipocondríaco, aquilo me aterrorizou. A partir desse momento, lia tudo o que podia sobre aquela doença misteriosa que ainda não tinha nome. Em um momento li, não recordo se na revista *Time* ou *News Week*, um artigo muito detalhado em que se buscava explicar para um público não especializado os sintomas da doença e suas possíveis causas. Lembro-me de que aprendi o que o artigo dizia sobre as células T, pois como ainda não existia um exame dos anticorpos do suposto vírus, a única coisa que podia servir para detectar a doença era um exame das células T. Se certas dessas células (as positivas) estivessem muito baixas e outras (as negativas) muito altas, isso queria dizer que a pessoa tinha uma superinfecção que bem podia ser a nova doença. Dizia-se que um dos sintomas mais comuns era a diarreia incontrolável e às vezes inflamação dos gânglios e tumores na pele.

Em meio a tantos elementos novos em minha vida (o amor com Lázaro, o novo posto na Universidade da Flórida, as viagens e o medo da nova doença), parti para Gainesville no fim do verão de 1982. Cheguei com um entusiasmo quase infantil que se notava à flor da pele. Falei com alguns professores do departamento, especialmente com Reynaldo

Jiménez, um cubano que eu conhecia havia algum tempo e do qual fiquei tão amigo que logo éramos como família. Alguns anos depois, nos tornamos compadres, porque batizei sua segunda filha, Rebecca. Mas quando fui ver o chefe do departamento para cumprimentá-lo e lhe dizer que já havia mudado para o novo lugar, ele me disse algo que me deixou surpreso. No mês de fevereiro desse ano, tão logo correu a notícia de que era bastante certo que eu fosse o candidato favorito do departamento e que o posto fosse dado a mim, alguns estudantes de pós-graduação cubanos e um professor de história também cubano foram falar com ele para lhe dizer que eu era um infiltrado comunista que Fidel Castro havia mandado aos Estados Unidos para assim poder ter um agente na Flórida. Não soube o que dizer. Fiquei desnorteado, mas Gay-Crosier me tranquilizou dizendo que ele havia averiguado bem quem eu era e sabia que as acusações eram falsas. Apesar das palavras reconfortantes de Gay-Crosier, comecei a perceber cada vez mais que a Flórida não era Connecticut, e que minhas atividades com Areíto e minhas viagens a Cuba não seriam vistas em Gainesville da mesma maneira que haviam sido vistas em Fairfield. O ambiente político era muito diferente. Agora tinha que proteger minha retaguarda constantemente de meus próprios compatriotas, sobretudo dos que tinham posições políticas extremas. Embora Gainesville estivesse bastante longe (umas oito horas de carro) do grande encrave cubano-americano de Miami, sua influência política chegava até ali. Claro, isso foi o que pensei nesse momento, mas não tinha nem ideia do extremismo de meus acusadores e de quão difícil iria ser minha situação. Isso contarei em outros capítulos.

❧ *Começa a Batalha* ❧

Desde o início do semestre de outono de 1982, notei que alguns poucos estudantes de pós-graduação (três do departamento de línguas romances e três de outros departamentos) armaram uma guerra contínua contra mim porque pensavam que eu não me encaixava no que eles consideravam politicamente correto do ponto de vista cubano-americano. Um deles, uma cubana estudante de doutorado do nosso departamento, mas que já tinha orientador e eu não tinha nada a ver com seus estudos, matriculou-se no meu curso. Sabia que essa pessoa fazia parte do pequeno grupo de cubanos dali com a ideia de que a universidade deveria me expulsar do departamento por ter ideias a favor de um diálogo entre os cubanos das duas margens, o que, para certos cubanos exilados, é prova mais do que fidedigna de que se trata de um comunista obstinado que deve ser eliminado a qualquer custo. Mas como sempre gostei de estar em cena, até gostei do desafio de tê-la em minhas aulas. Tratava-se de um curso sobre literatura e cultura do Caribe Hispânico (Cuba, Porto Rico e República Dominicana) que eu nunca havia dado, mas que havia preparado muito bem por ser o primeiro curso que oferecia para alunos de mestrado e doutorado. À primeira estudante, uniram-se mais duas cubanas que já haviam terminado todos os cursos exigidos quando cheguei a Gainesville, e embora estas últimas não tivessem se matriculado oficialmente no meu curso, de vez em quando assistiam a algumas das minhas aulas para tentar me colocar em situações difíceis. Faziam anotações constantemente, e muitas vezes pensei (em minha vaidade incorrigível) que estava dizendo algo interessante, mas depois soube que essas três estudantes, mais outros três que não pertenciam ao departamento, estavam elaborando um "caso" sobre mim e, portanto, tinham que anotar com data e horário qualquer coisa que eu dissesse para depois poder apresentar tudo isso como prova a fim de que me tirassem da universidade. Houve um momento em que dois cubanos gays estudantes de graduação tornaram-se meus amigos e me contaram que os seis cubanos da pós-graduação recrutavam outros estudantes compatriotas (os dois garotos gays entre eles) e lhes pediam que assistissem a umas reuniões secretas nas quais se planejava qual tática usar para me destruir. O problema estava em que, como eu ainda não tinha permanência, o ano de 1983-1984 era probatório antes de apresentar minha solicitação de promoção e permanência, e esse era o momento de me derrubar, segundo o plano. Esses dois rapazes me contaram que os seis cubanos que formavam o centro do grupinho tinham uma caderneta na qual escreviam com data e hora o que eu dizia, dentro ou fora da aula. Tudo isso seria usado em uma futura acusação. Cada um deles estava encarregado de me pedir algo ou me fazer perguntas capciosas para ver como eu respondia e assim tratar de construir o "caso".

Porém, embora meus inimigos estivessem bem-organizados, meu curso saiu muito bem e os demais alunos me deram uma avaliação muito boa. Publiquei bastante nesses dois anos, e portanto a parte relativa às publicações ia de vento em popa. Quanto ao terceiro elemento de minha carreira, ou seja, o serviço à universidade, haviam me nomeado diretor do programa de pós-graduação e isso era mais que suficiente para justificar meu trabalho nessa área. Meu trabalho como diretor do programa de pós-graduação não interferia muito no que cada estudante fazia quanto à tese ou aos cursos, se o aluno já tivesse escolhido um orientador, mas por outro lado se tratava de um cargo bastante exigente que me dava prestígio e me assegurava que minha contribuição em serviço ao departamento era notável. Tudo estava perfeito para minha promoção e permanência, ou eu achava que estava.

Quanto à minha vida sexual, devo dizer que nessa época havia diminuído consideravelmente, pois o medo da "nova doença" havia me deixado de cabelo em pé. Já nessa época se começava a falar de *safe sex* (sexo seguro), e logo comecei a aprender sobre esse assunto nas reuniões semanais de um grupo chamado Gay Talk (Conversa Gay), dirigido por um médico chamado Bob Fennell. Tomei precauções de *safe sex* além das que aconselhavam nessa época. Além disso, nas reuniões do Gay Talk, aprendi sobre muitos assuntos relacionados à vida gay. Trazíamos conferencistas que quisessem falar de algum tema de nosso interesse, mas como mal havia dinheiro para manter o grupinho, os conferencistas tinham que estar dispostos a fazer suas apresentações gratuitamente. Também com o Gay Talk, fiquei amigo de vários gays do lugar, e isso foi um fator positivo em minha vida desse momento. De fato, a pessoa que me falou pela primeira vez do Gay Talk foi um rapaz magnífico (que chamarei Tim) do qual fui amante por uns três anos. Fiquei tão amigo de sua família também que se converteram em uma espécie de família postiça. Entre a família postiça, os amigos do Gay Talk e alguns colegas da universidade, desfrutava de um magnífico grupo de apoio, o qual me ajudou muito quando chegaram as grandes vicissitudes de 1983 e 1984.

Minha vida sexual em Gainesville reduziu-se bastante, embora estivesse longe de desaparecer. Minhas relações com Pedro, o amante porto-riquenho de Connecticut, já haviam esfriado a ponto de quase não existir, embora não houvessem se extinguido por completo. Havia iniciado uma relação com Tim e ainda continuava com Lázaro em Cuba. Era um circo de três pistas, mas apesar de tudo era muito menos do que na década de 1970 (que horror!). Quando ia a Cuba, andava com Lázaro e quase sempre ficava na casa do meu pai. Ele e Iluminada ficaram amigos de Lázaro, e eu fiquei muito amigo da mãe dele. Tratava-se de uma grande família internacional. Para que negar isso a esta altura? Uma das coisas que mais apreciei quanto ao apoio dessas famílias adquiridas ou recuperadas foi minha estreita amizade com meu pai e com Iluminada. Ambos se desdobravam para me atender quando eu ia à casa deles para ficar às vezes durante semanas, e se ficava doente, o que ocorria com frequência, as atenções se multiplicavam. Todas essas atenções se converteram em uma verdadeira bênção para mim, que estava tão ávido de ter família.

Professor: Falsas Acusações Causaram Sérios Danos

Emilio Bejel
Professor de Línguas e Literaturas Romances

Editor: Agradeço ao Diretor Marston, ao Vice-Diretor Bryan e à Chanceler Newell pelo apoio que expressaram a meu favor e a favor do princípio de liberdade acadêmica na última reunião do Conselho de Regentes. Sua postura honesta e corajosa foi um esforço importante que evitou a politização do processo de permanência acadêmica, o qual sofreu sérios danos devido ao comportamento sem precedentes de um dos membros do Conselho e dos seis alunos que me acusaram sem deixar que eu me defendesse.

Esta carta é uma expressão de gratidão por seu apoio, e um esclarecimento de alguns fatos importantes e básicos com relação às acusações perpetradas contra mim nessa reunião. Primeiramente, permitam-me dizer que dos seis estudantes que depuseram contra mim, somente três pertencem ao Departamento de Línguas e Literaturas Romances em que ensino, e *nenhum* desses três estudantes de pós-graduação está sob minha supervisão. Não sou o orientador de nenhum deles, e o que é ainda mais importante, dois desses três estudantes nunca fizeram nenhum curso comigo, nem teriam que fazê-lo no futuro porque já tinham concluído seus créditos (e também já tinham escolhido os temas de suas teses de doutorado) *antes* de minha chegada à Universidade da Flórida no outono de 1982.

Somente *um* desses três alunos de pós-graduação fez *um* curso comigo no outono de 1982, e foi um curso de Literatura e Cultura do Caribe Hispânico no qual incluí dois autores cubanos exilados anticomunistas: Lydia Cabrera (residente em Miami) e José Triana (residente em Paris). Devo acrescentar, neste ponto, que durante o outono de 1982 também trouxe à Universidade da Flórida um especialista cubano-americano da Pensilvânia para que fizesse uma conferência sobre a obra do dramaturgo cubano anticomunista exilado José Triana. Portanto, é uma invenção absoluta que eu cerceei a liberdade acadêmica desses alunos proibindo-os de ler autores exilados cubanos.

Como posso limitar a liberdade acadêmica de estudantes que não são meus alunos? Como posso ser acusado de proibir os alunos de estudarem autores cubanos exilados quando eu mesmo incluí autores cubanos exilados anticomunistas no único curso que *um* dos três alunos fez comigo? Deveriam ter perguntado a cada um dos alunos presentes na reunião do Conselho de Regentes que curso ou cursos cada um havia feito comigo, e se nesse curso ou cursos haviam sido incluídos autores cubanos exilados. Nunca cerceei nem jamais cercearei a liberdade acadêmica dos meus alunos. Orgulho-me de manter os padrões acadêmicos e morais mais altos em todos os níveis de minha profissão.

A acusação contra mim dos seis estudantes na reunião do Conselho de Regentes foi claramente uma tentativa sem escrúpulos de me eliminar do ensino na Universidade da Flórida porque meus acusadores estão em desacordo comigo politicamente. De fato, fui perseguido por esse mesmo grupo desde minha chegada à Universidade da Flórida. Eles usaram muitas táticas diferentes para me desacreditar. As ações extremas que usaram contra mim foram além de violar minha liberdade acadêmica.

Estou profundamente magoado, não porque eles estão em desacordo comigo, mas porque apelaram para falsas acusações e para desprestigiar meu caráter a fim de me causar danos profissionais e pessoais. Nunca fiz nada contra eles, e nunca tenho a inclinação de causar dano nem sequer a quem me despreza.

É extremamente perturbador considerar as implicações duradouras dessa difamação pública que ocorreu na reunião do Conselho de Regentes; foi um julgamento sem a presença do acusado. Nem sequer sabia que essa reunião estava ocorrendo. Considero que apesar de haver recebido a permanência, minha reputação e a reputação da Universidade da Flórida foram seriamente prejudicadas.

Espero que todos possamos continuar com nosso importante e belo trabalho.

❧ *As Batalhas* ❧

Durante o ano de 1983 fui duas vezes a Cuba, uma no início de janeiro e outra no início do verão. Nessa segunda viagem, quase não aproveitei nada porque fiquei horrivelmente doente, com uma diarreia que nada cortava. Iluminada atendia-me com remédios caseiros, além dos remédios que eu trazia dos Estados Unidos. Nenhum deles deu muitos resultados e cheguei a perder dez quilos em duas semanas. Finalmente, decidi ir a uma clínica cubana, e ali me trataram imediatamente com uns remédios nos quais eu, por preconceito americanizado, não tinha nenhuma confiança. Porém, isso me fez melhorar e uma vez recuperado, voltei aos Estados Unidos. Ao regressar, fui diretamente à casa de Pedro em Connecticut, para dessa forma esticar um pouco mais as férias antes de voltar à Flórida. Uma vez na casa de Pedro, a diarreia voltou com toda a intensidade e então me assustei. Liguei para um número especial de Nova York no qual umas telefonistas, supostamente especializadas nos sintomas da Aids, respondiam às perguntas de milhares de pessoas que não sabiam a que atentar com a nova doença. A moça que me atendeu, depois de ouvir meus sintomas, disse que aquilo não soava nada bem e me recomendou que fosse imediatamente a um médico especialista em doenças contagiosas. No outro dia, tinha uma consulta com um médico da clínica DANA da Yale University, o qual me pediu exames de sangue. Quando voltei poucos dias depois para saber o resultado dos exames, entrei no consultório do médico onde ele me auscultou, tocou meus gânglios e não sei quantas coisas mais. Era um médico muito jovem, alto, loiro, amável, mas calado. Enquanto me examinava, eu tentava decifrar por suas expressões se havia algo realmente ruim, mas não conseguia. Finalmente, disse que a contagem das minhas células T mostrava uma infecção muito grande. Pedi a ele que me explicasse e ele me respondeu com mais perguntas sobre minha vida sexual. "O senhor é gay?" "Sim?" "Espero que não se incomode se eu lhe perguntar quantas relações sexuais o senhor teve aproximadamente nos últimos três anos." "Talvez algumas dezenas." Senti-me como quando me confessava com os padres de Manzanillo. A única coisa que me faltou foi que me mandasse rezar cem Ave-Marias e cem Pai-nossos. Não me perguntou nada mais e me disse que o desculpasse, que tinha que sair do consultório um momento, que esperasse em um pequeno sofá em outra salinha contígua. Sentei-me e esperei muitíssimo, ou pelo menos assim me pareceu nesse momento. Depois dessa longa espera, entrou no quarto um senhor negro muito bem vestido, de uns 45 anos de idade, que me cumprimentou amabilíssimo e se sentou diante de mim. Disse-me que era um pastor protestante que trabalhava para a clínica e, se não me incomodava, queria falar comigo um momento. Disse-lhe que claro que não me incomodava. Perguntou-me se eu tinha família, e eu disse que não; que tinha, sim, amigos próximos, muitos e muito bons. Foi então que decidiu me dar a notícia: "De acordo com o exame de sangue e o que o médico concluiu, o senhor está com Aids". Fiquei atônito. Não soube o que dizer, mas finalmente lhe perguntei se aquilo era certo, e me disse que por tudo o que o médico havia dito parecia que efetivamente eu tinha a doença. Aconselhou-me que voltasse ao médico o quanto antes para que me dissesse o que fazer por minha saúde, e eu lhe disse que tinha que voltar para Gaineville dentro de dois dias e não teria tempo de ir a esse médico. Então insistiu que eu devia buscar um especialista em Gainesville e que o fosse consultar o quanto antes. Alguns dias depois, me chegou da clínica DANA um papel que informava:

Diagnóstico: Aids

Depois da conversa com o pastor, durante a qual mal pude articular palavras devido ao terror que me invadiu, saí da clínica e no momento em que abria a porta de vidro da saída, pensei: "Tenho um monstro nas entranhas". Também pensei: "Se eu estiver com essa doença, não vou passá-la a ninguém, e se eu não estiver, não vou tê-la porque vou me afastar de tudo o que seja sexo ou situações contagiosas". Depois contei a Pedro, que não levou muito a sério e mais exatamente achou (penso eu agora) que se tratava de outra desculpa de minha parte para me afastar dele ainda mais. Como havia deixado o carro na casa dele antes de ir para Cuba, pude pôr minha bagagem no porta-malas e rumar para Gainesville dirigindo sozinho. Nem é preciso dizer o quão horrível foi essa viagem, a qual passei me apalpando atrás da orelha direita em que havia sentido uma espécie de inflamação, o que interpretava como que a doença já me havia atacado os gânglios. Também pensei em que estratégia deveria adotar diante de uma situação tão difícil. Calculei o seguinte: primeiro, se tiver que morrer, pelo menos devo tratar desde agora de fazer todo o possível para que o dinheiro não me falte; segundo, para a questão médica, devo fazer um seguro-saúde para doenças catastróficas, o que se pode conseguir pela AAUP (American Association of University Professors). Restava agora a questão de como enfrentar meus acusadores cubanos que faziam guerra contra mim na universidade. Considerei que era melhor não dizer nada a ninguém sobre a doença, porque meus perseguidores se alegrariam e sabe Deus o que alegariam para que a universidade me afastasse o quanto antes. A coisa estava realmente feia: encontrava-me no meio de, pelo menos, duas grandes batalhas simultâneas.

Quando cheguei a Gainesville, pus meu plano em prática. Consegui o seguro e comecei a economizar em todos os sentidos. Nada de sexo por enquanto. Continuei frequentando as reuniões do Gay Talk, e além disso, disse a Tim que deveria ter cuidado com a Aids e suspendi qualquer relação sexual com ele. De fato, tendo acabado de chegar de Connecticut, notei que Tim tinha uma inflamação em uma das fossas nasais e pensei que o havia contaminado. "Matei-o", foi exatamente a frase que me veio à mente. Continuei dando minhas aulas e, com mais afinco do que nunca, escrevendo e fazendo minhas pesquisas. Ter objetivos e tarefas a cumprir até o último minuto é a chave para suportar as tragédias, e eu havia sido um especialista nisso durante toda a minha vida. Também me propus a não faltar às reuniões do Gay Talk, e isso foi muito positivo, pois não só solidifiquei minha amizade com esse grupo, mas também aprendi muito sobre o que se sabia nesse momento sobre a Aids e sobre *safe sex*.

Quanto aos ataques dos meus perseguidores, a coisa ficava cada vez pior. Era rara a semana em que não havia algum incidente com eles e com suas ameaças. Já então vários membros do departamento de idiomas e literaturas romances da universidade onde eu trabalhava decidiram que tinham que me proteger dos abusos constantes daquele grupo. Mas a questão é que minha preocupação com meu diagnóstico de Aids era tão constante e extrema que as acusações políticas frequentemente ocuparam um segundo plano em minha mente. Além disso, estava bastante seguro de que com minhas credenciais acadêmicas era praticamente impossível que me derrubassem do cavalo.

Houve momentos muito dramáticos em toda essa batalha política, e um que eu gostaria de destacar se refere a quando Reinaldo Arenas visitou o campus da Universidade da Flórida convidado pelos estudantes cubanos que faziam guerra contra mim. A visita de Reinaldo não só não era principalmente literária, mas acima de tudo política. Era muito óbvio que tal visita constituía um elemento a mais para me amedrontar e para aumentar o "caso". Foi precisamente no verão de 1984 que saiu no jornal *Mariel*, fundado e dirigido por Arenas, um artigo em espanhol intitulado "La Batalla de Gainesville y el Caballo de Troya", no qual meus perseguidores me acusavam de todo tipo de violações de direitos contra os estudantes e, claro, de ser um "cavalo de Troia", em outras palavras, um infiltrado do governo de Fidel Castro para sabe lá que plano comunista macabro. Reinaldo, que havia chegado no verão de 1980 como parte do êxodo de Mariel, havia sido vítima de uma cruel perseguição por parte do governo de Cuba. Agora o perseguido se erguia como perseguidor de quantos parecessem não ser anticomunistas obstinados, e fui um dos muitos alvos de sua fúria. Honestamente, compreendo sua atitude, mas não aceito sua passagem de perseguido a perseguidor, de vítima a algoz. Qualquer um que tenha lido a autobiografia de Arenas ou tenha visto o filme *Antes do Anoitecer*, terá poucas dúvidas sobre as humilhações e perseguições de que Reinaldo foi vítima. Conheci-o na livraria Las Américas em Nova York poucas semanas depois de sua chegada aos Estados Unidos. Conversamos animadamente sobre Cuba e sobre os escritores da ilha. Nessa ocasião, ele foi amável comigo e eu com ele. Depois, já um ano depois de sua chegada, soube que jurava acabar comigo devido à maneira como percebia minha posição política. Desde então, mantivemo-nos distantes e não voltamos a nos ver até sua visita a Gainesville em 1984. Dessa vez me aproximei dele e conversamos diplomaticamente. Ouvi sua apresentação, que era basicamente política ao extremo, e a partir daí continuei me inteirando de sua vida ao longo dos anos e li muito do que publicava. Quando soube que estava com Aids, senti por ele a maior compaixão humana possível. Aprendi a diferenciar taxativamente o Arenas escritor, Reinaldo vítima do governo comunista cubano e da Aids, e Reinaldo o algoz furioso que investiu contra todas as pessoas que considerava que estivessem fora do que ele pensava que estava bem politicamente. Escrevi sobre o Arenas escritor, protesto contra os abusos cometidos contra Reinaldo vítima do regime cubano, e repudio o Reinaldo algoz que se pareceu cada vez mais com seus próprios perseguidores.

Mas voltemos à "batalha de Gainesville". Quando chegou o processo de votação para minha promoção a *Full Professor* com permanência, o voto do departamento foi unânime a meu favor. Também no âmbito da Faculdade de Artes e Humanidades, a comissão inteira votou a meu favor sem exceção, e o mesmo ocorreu no âmbito do Provost (decania). Mas em muitas universidades americanas, quase sempre existe um último nível: o Conselho de Regentes. Os regentes são pessoas que com frequência carecem de muito conhecimento sobre o mundo acadêmico, além de serem escolhidos por seus distritos e portanto suscetíveis à política mais crassa. Meu expediente tinha que passar por esse último degrau. Quase sempre os regentes, sobretudo nos casos em que as demais comissões votaram claramente a favor do candidato, a única coisa que fazem é aprovar a decisão sem muita complicação. De fato, os regentes frequentemente nem sabem muito bem quais são as credenciais nem os méritos acadêmicos dos candidatos, já que a reunião em que é assinada a promoção e/ou permanência trata de tantos casos que seria impossível analisar cada um individualmente. Como sabia de tudo isso, me despreocupei quando soube que todas as comissões anteriores haviam votado por unanimidade a meu favor. Na realidade, nem sabia quando era a reunião do Conselho de Regentes, que por certo quase sempre ocorria na capital do estado, Tallahassee. Enfim, essa despreocupação de minha parte não se justificou, e em 24 de maio desse ano de 1984 recebi uma ligação em minha casa e quando atendi era um jornalista pedindo minha opinião sobre os fatos que acabavam de ocorrer em Tallahassee com relação à minha promoção e permanência. Respondi a ele que não tinha nem ideia de que tinha havido tal comoção, que não sabia que tinham me acusado nessa reunião, nem sequer estava a par de tal reunião nem me havia ocupado de averiguar quando iria ocorrer. Disse a ele que me parecia que se tratava de um julgamento no qual o acusado não está presente e nem sequer sabe que foi acusado. Era algo no estilo de alguns dos julgamentos do tempo de McCarthy na década de 1950. Enfim, uma vez que o jornalista me explicou o que estava acontecendo, percebi como haviam ocorrido os eventos de Tallahassee e respondi a ele da melhor maneira que pude. Depois desse jornalista, ligaram muitos outros com perguntas similares durante as semanas seguintes, mas em vez de contar o que ocorreu a partir desse ponto, prefiro reproduzir alguns dos artigos de diferentes jornais da Flórida que abordaram meu "caso". A conclusão do processo foi que me deram a promoção e a permanência, mas isso não ocorreu facilmente.

St. Petersburgo Times, quarta-feira, 30 de maio de 1984

Um Legislador Acomete contra o "Comonismo"

"Estou contra o comonismo! Uhuh!" Assim disse o representante Sid Martin, Democrata de Hawthorne, na sala da Câmara dos Deputados na quarta-feira. O motivo da declaração de Martin, explicou ele, deve-se à ação recente do Conselho de Regentes do estado de conceder permanência a um professor universitário com um resultado de 5 a 4. Martin disse que ele e seus "amigos cubanos de Miami" estavam descontentes com o voto dos regentes porque "não queremos ninguém de Cuba comunista se intrometendo" nos fundos das universidades estatais. Portanto, Martin propôs uma emenda que exige um resultado de dois terços da junta como requisito para conceder permanência profissional. Martin finalmente retirou sua emenda, não sem antes vociferar seus sentimentos de anti-"comonismo" em voz suficientemente alta para ser ouvida em Havana.

✎ A Calma ✎

Uma vez que em certo sentido havia ganhado uma das batalhas de Gainesville, ainda me restava outra. Meu diagnóstico era algo que não saía da minha cabeça nem um instante. Cada vez que espirrava, achava que havia me dado *numosistis carini*, e cada vez que via uma manchinha na minha pele achava que tinha sarcoma de Kaposi. Tanto era meu temor nesse sentido que fui uma das primeiras pessoas a fazer o exame Elisa, que era a maneira de saber a contagem de anticorpos do vírus. De fato, quando esse exame chegou a Gainesville, eu fui o número 17. Lembro-me de que fui fazer o exame em um pequeno edifício da saúde pública nos arredores do povoado. Nesse dia, não aconteceu nada, porque era só para tirar sangue. Então tinha que esperar uns quantos dias para saber o resultado. No dia indicado, dirigi nervoso até o pequeno edifício onde me conheciam apenas como "Número 17". Estacionei ao lado do edifício e quando saí do carro minhas pernas fraquejaram e quase caí no chão. Tive que me apoiar no capô do carro para não cair. Recompus-me e fui diretamente até o consultório onde me diriam o resultado. Sentei-me em uma das salinhas, e logo veio um especialista de saúde pública a quem havia conhecido no Gay Talk quando deu uma conferência sobre Aids. Sentou-se diante de mim e sem nenhum rodeio (o que agradeci a ele) me disse: "Você é negativo. Está limpo". Eu o fiz repetir, e ele me disse de novo, acrescentando: "Sem problema". Não me lembro agora o que senti nesses momentos. Voltei a estar como em uma nuvem. Voltei para casa e liguei imediatamente para Silvio para contar-lhe a boa nova. Não me cabia de felicidade. Foi então que comecei a contar aos meus amigos o que havia passado durante um período de quase um ano. Tanta era minha felicidade então que quando alguém me perguntava sobre minha situação política em Gainesville, eu tinha vontade de rir. De fato, recordo achando muito engraçado que um amigo meu cubano, professor da Universidade da Flórida Central em Orlando, me conta às gargalhadas que quando iam procurá-lo para perguntar se eu era verdadeiramente comunista, ele, para me defender, negava categoricamente e dizia que possuía provas fidedignas de minha posição política *bona fide*, porque um dia em Tallahassee, quando nós dois éramos estudantes de doutorado, ele me viu dando a mão e conversando amistosamente com Julie Nixon Eisenhower em uma visita que ela fez com seu esposo David Eisenhower à universidade. Era verdade que eu havia falado com Julie Nixon e seu esposo, mas, claro, aquilo não provava nem deixava de provar absolutamente nada. Esse meu amigo é extremamente brincalhão e o chamamos "O Papa" por seu costume cômico, quando encontra seus amigos, de lhes dar a bênção em atitude papal, em vez de estender-lhes a mão. "O Papa" contou-me infinitas vezes como me defendeu na base de argumentar que eu dei a mão a Julie Nixon. Cada vez que ele me conta, eu acho mais engraçado, e ambos morremos de rir histericamente, ainda que estejamos no meio do *lobby* de um hotel cheio de gente que seguramente não compreende por que esses dois senhores idosos estão rindo de uma maneira tão delirante.

Em 1991, a Universidade do Colorado em Boulder me fez uma magnífica oferta como professor de literatura-hispano-americana, e imediatamente me convenceu que eu devia deixar meu posto na Universidade da

Flórida em Gainesville e mudar para o Colorado. No verão desse mesmo ano, eu já estava vivendo no novo estado, e como tinha um amante em Gainesville nesse momento (quando não?), decidi convencê-lo a se mudar comigo para o Colorado. Ele veio poucas semanas depois de eu ter vindo. Foi um erro enorme, porque essa pessoa e eu já não estávamos nada bem, e quando ele veio se juntar a mim em Boulder, a situação entre nós era desastrosa, intolerável, insustentável. A relação durou apenas uns poucos meses, talvez semanas, e de novo me vi solteiro em um lugar onde não conhecia ninguém e com 47 anos de idade. Imediatamente pus os motores de sobrevivência para funcionar e logo decidi que a melhor maneira de conseguir alguém (com a esperança de estabelecer uma relação permanente) era pondo um anúncio nos dois jornais gays do Colorado, o *Outfront* e o *Quest*, e em outro jornal, o *Westward*, que embora não seja necessariamente gay aceita anúncios classificados de gays e lésbicas. O resultado é que 22 pessoas me responderam, das quais posso dizer sem nenhum titubeio que houve 21 fracassos quase instantâneos, mas o número 22 chegou a me visitar em 14 de fevereiro de 1992 (sim, no dia dos namorados, não estou inventando), e desde então vivo com Greg na maior felicidade que jamais conheci. Percebo que lhe ofereço a intensa dedicação e ternura que recebi de minha família e, para minha surpresa, ele me trata da mesma maneira. Há treze anos que estamos juntos, e penso que não devo contar nossa vida porque de tão boa pode parecer tediosa, embora não seja.

Apesar de viver bem, ou precisamente por isso, penso constantemente na miséria dos demais. Invadem-me com frequência sentimentos atormentadores de culpa pelo contraste entre como vivo e como vivem tantas pessoas que morrem de fome no mundo. Talvez todas essas preocupações sejam um resquício de meus precoces sentimentos de profunda pena e horror diante do espetáculo dos pescadores paupérrimos de Manzanillo, ou talvez seja uma atitude social e moral que herdei de minha família. A pobreza do mundo e as múltiplas desgraças dos seres humanos me levam frequentemente a sentir angústias inomináveis, a ter visões terríveis durante o sono. Então fico insone e conto a Greg essas ansiedades e ele me diz para dormir e não pensar nessas coisas tristes.

Emilio Bejel & Greg Gibbs, 1993

Título	O Horizonte da Minha Pele
Autor	Emilio Bejel
Tradução	Gênese Andrade
Editor	Plinio Martins Filho
Produção Editorial	Aline Sato
Capa	Negrito Produção Editorial
Editoração Eletrônica	Glaucia Dam Gomes
	Fabiana Soares Vieira
Formato	16 x 23 cm
Tipologia	Minion Pro
Papel	Pólen Soft 80 g/m² (miolo)
	Cartão Supremo 250 g/m² (capa)
Número de Páginas	224
Impressão e Acabamento	Prol Editora Gráfica